HR
人力资源
法律实务丛书

HR（第二版）应当知道的劳动法

周　旻——著

法律出版社 LAW PRESS·CHINA
北京

图书在版编目(CIP)数据

HR应当知道的劳动法 / 周旻著. -- 2版. -- 北京：法律出版社，2022
(人力资源法律实务丛书)
ISBN 978-7-5197-6509-5

Ⅰ. ①H… Ⅱ. ①周… Ⅲ. ①劳动法-基本知识-中国 Ⅳ. ①D922.5

中国版本图书馆CIP数据核字(2022)第038280号

HR应当知道的劳动法(第二版)
HR YINGDANG ZHIDAO DE LAODONGFA
(DI-ER BAN)

周 旻 著

策划编辑 朱轶佳 程 岳
责任编辑 朱轶佳 韩梦超
装帧设计 汪奇峰

出版发行 法律出版社
编辑统筹 司法实务出版分社
责任校对 王晓萍
责任印制 胡晓雅
经　　销 新华书店

开本 710毫米×1000毫米 1/16
印张 14.5 **字数** 230千
版本 2022年6月第2版
印次 2022年6月第1次印刷
印刷 永清县金鑫印刷有限公司

地址：北京市丰台区莲花池西里7号(100073)
网址：www.lawpress.com.cn
投稿邮箱：info@lawpress.com.cn
举报盗版邮箱：jbwq@lawpress.com.cn

销售电话：010-83938349
客服电话：010-83938350
咨询电话：010-63939796

书号：ISBN 978-7-5197-6509-5　　**定价**：52.00元

凡购买本社图书，如有印装错误，我社负责退换。电话：010-83938349

序言

劳动法规具有极强的地域性特点。根据国家层面劳动法律规定的原则规定并结合地方实际,各地分别制定了大量有关劳动法律关系的地方性规定,各类条例、指导意见、裁判指引层出不穷;各地的劳动人事争议仲裁委员会、法院适用不同裁判尺度、同案不同判的情况也普遍存在。这些情况给各企业的人力资源管理带来了极大的挑战,劳动法规的地域性差别要求企业HR不仅要熟知劳动法律规定,还要对当地劳动人事争议仲裁委员会、法院的裁判尺度有所了解。

正是基于上述原因,作者在编写本书时着重引用深圳地区的已裁案例,故本书对深圳市企业的借鉴价值更为明显。总的来说,本书主要具有以下四个特点:

一是针对性强。作为在深圳地区从事劳动法律师实务多年的律师团队,作者对深圳本地劳动争议案件裁判规则的认知和把握较为精准,本书对广东省和深圳市企业的HR有直接借鉴价值。

二是实用可操作。作者将团队服务大量顾问单位的经验进行了总结,挑选了人力资源管理过程中最常见的问题,并对每个问题配以典型案例和详细解说。在本书成书过程中,作者对每章节的标题都进行了提炼,做到每篇文章的标题都能体现出该类实务问题的处理规则,力求企业HR通过本书的标题就能够得到对某类问题高质量的解答。

三是内容全面。本书涵盖了企业劳动用工和人力资源管理所涉及的各方面法律实务,以企业用工管理流程为主线,并配合用工管理中的特殊问题和特殊人群的劳动关系管理,内容全面完整,体例清晰简练。

四是时效性强。本书依据最新法律法规和司法解释,并结合地方审判实践,充分吸收了仲裁和司法机关的裁判意见,具有较强的时效性。

周旻律师是北京德恒(深圳)律师事务所合伙人,现任深圳市律师协会劳动与社会保障法律专业委员会副主任、广东省律师协会劳动法律专业委员会副主任。2007 年,周旻律师成立了“创勤”劳动法团队,专注劳动法领域已近十年。凭借在劳动法领域的长期钻研,周旻律师和“创勤”律师团队在深圳劳动法领域一直走在前沿。我与周旻律师早在 10 年前便相识,多年来周旻律师和“创勤”律师团队在劳动法领域的实践和成绩为业界同行所认可。

本书由周旻律师带领深圳市律师协会劳动与社会保障法律专业委员会的同志合作完成,在成书后邀我作序,我欣然应允。希望本书的出版对推动深圳律师职业化建设,提高深圳律师的职业素养和实务技能起到积极作用;更希望本书能给企业 HR 的实际工作提供有价值的参考与借鉴。

蒋溪林

深圳市司法局党委书记、局长

2016 年 11 月

再版自序

出版社程岳老师在跟我沟通《劳资博弈——解除劳动合同的17种情形》一书出版事宜之时，向我提出希望《HR应当知道的劳动法》再版的想法，那一刻我的心情是充满惊喜的，我们当时花500小时写出的内容，得到了全国法律图书市场的认可，令我十分欣慰。我想起本书第一版出版时，自己找深圳市司法局蒋溪林局长为书稿写序，他说："一定要好卖才行喔！"所以这次得知准备再版的消息，我第一时间就向他报告了，他给我连点3个赞。

我利用周六、周日两天的时间，花20小时逐字读完200多页的书稿内容，心中不免有些感触，我认为，此书最大的价值是在【律师点评】和【HR实务】部分，尤其是【HR实务】，把我们律师团队十年来对企业人力资源模块的服务经验和操作技巧悉数写出。

这次再版做了一些删改：首先，在【法律链接】中删除失效的法规，如《违反和解除劳动合同的经济补偿办法》《深圳市实行不定时工作制和综合计算工时工作制审批管理工作试行办法》；其次，在"非因工负伤或患病无法回单位上班，经劳动能力鉴定委员会鉴定后，可以获得医疗补助费"部分，因法律依据失效，我们更新了一个近期的案例；最后，附录部分，对生育假期、上年度社会月平均工资等几十处数据进行了更新，并对经济补偿金的纳税规定做了更新。

为使《HR应当知道的劳动法》达到更高质量，笔者安排团队律师何志杰、吴意诚、赵小虎、祁朝官、郭含笑参与了此书的资料收集、思路整理、书稿写作、书稿校对等重要工作，在此对他们5位律师的辛勤付出表示由衷的感谢！

周旻

2022年2月27日

目　　录

一、入 职 管 理

（一）用人单位滥用知情权构成就业歧视的，需承担赔偿责任

在招聘新员工时，用人单位依法对应聘劳动者的身体状况享有知情权，为避免因员工患有潜在的疾病或职业病给未来的用工带来的风险和成本，用人单位有权要求应聘者提供正规的体检报告，或者要求应聘者到指定医院参加体检。但如果用人单位滥用知情权，对某些应聘者构成就业歧视的，需按照《劳动法》《就业促进法》等法律、法规的规定，就应聘者的损失承担赔偿责任。

【真实案例】

参见深圳市中级人民法院（2014）深中法民终字第1017号民事判决书

1. 案情概述

2013年11月8日，中某通讯股份有限公司（以下简称中某公司）通过电子邮件向衣某发送《录用通知书》，承诺录用衣某到中某公司工程服务处第二营销事业部从事“工程设计”工作。入职后试用期为3个月，试用期的月薪为税前6640元，并通知衣某参加体检并于2013年11月22日到中某公司处办理入职手续。

2013年11月22日，衣某从嘉兴至深圳到中某公司处办理入职手续时，中某公司却拒绝录用衣某，原因是衣某两次体检结果均显示其肺部存在学名为“肺纤维化病灶”的病症。

衣某认为，中某公司没有在招聘时告知其患有“肺纤维化病灶”不符合入职条件，在报到时却以患有“肺纤维化病灶”为由拒绝录用，属于就业歧

视。衣某向法院提起诉讼，要求中某公司赔偿应聘过程中的误工费、检查费、学历认证费、交通费、住宿费等共计 25,410 元。

2. 裁判结果

深圳市南山区人民法院一审认为，中某公司侵犯了衣某的平等就业权，构成就业歧视，应当承担相应的民事责任，赔偿误工费、检查费、学历认证费、交通费和住宿费。但衣某主张的数额中存在不合理成分，法院酌定赔偿额为 7880 元。

一审判决后，衣某认为一审法院支持的数额过低，向深圳市中级人民法院上诉。深圳市中级人民法院维持了原判。

3. 裁判理由

法院判决认为，本案中，中某公司没有在招聘时告知患有“肺纤维化病灶”的人不符合入职条件，在报到时中某公司以原告患有“肺纤维化病灶”拒绝录用原告属于就业歧视，侵犯了原告的平等就业权，中某公司应当承担相应的民事责任，对原告为应聘中某公司所支付的交通费、学历认证费、住宿费以及放弃其他工作的误工损失，中某公司应当予以赔偿。

【律师点评】

北京市第一中级人民法院在“李某与北京某广告有限公司一般人格权纠纷上诉案”的判决中指出，“平等就业权是指求职者不因民族、性别、残疾等其他因素而在求职过程中被区别对待的权利”。其中的“等”字说明，除明文禁止的民族、种族、性别、宗教信仰就业歧视之外，基于其他因素的就业歧视，如基于求职者健康因素的差别待遇也为法律所禁止。

另外，关于单位是否有权拒绝录用乙肝表面抗原携带者的问题，实践中一直争议较大。为了规范和避免用人单位滥用知情权，2010 年 2 月 10 日出台了人力资源和社会保障部、教育部、原卫生部《关于进一步规范入学和就业体检项目维护乙肝表面抗原携带者入学和就业权利的通知》。该通知明确规定了用人单位在就业体检中，不得要求乙肝项目检测，不得因劳动者是乙肝表面抗原携带者而拒绝招用或辞退。

【HR 实务】

为避免因应聘者体检不符合用人单位要求导致用人单位毁约的情况，

笔者建议对应聘者的体检应当先进行，在其体检结果满足用人单位要求时（体检合格），再通过录用通知书等方式确定录用员工。

另外，HR在对拟录用者进行筛选时，要考虑设定的标准的合理性。例如，国家和行业是否有相关规定和要求、标准和工作是否有相关性、是否在招聘启事或者招聘过程中予以告知等。如果任意设定标准，则很可能违反《就业促进法》，构成就业歧视。

【法律链接】

人力资源和社会保障部、教育部、原卫生部《关于进一步规范入学和就业体检项目维护乙肝表面抗原携带者入学和就业权利的通知》

一、进一步明确取消入学、就业体检中的乙肝检测项目

医学研究证明，乙肝病毒经血液、母婴及性接触三种途径传播，日常工作、学习或生活接触不会导致乙肝病毒传播。各级各类教育机构、用人单位在公民入学、就业体检中，不得要求开展乙肝项目检测（即乙肝病毒感染标志物检测，包括乙肝病毒表面抗原、乙肝病毒表面抗体、乙肝病毒e抗原、乙肝病毒e抗体、乙肝病毒核心抗体和乙肝病毒脱氧核糖核苷酸检测等，俗称“乙肝五项”和HBV－DNA检测等，下同），不得要求提供乙肝项目检测报告，也不得询问是否为乙肝表面抗原携带者。各级医疗卫生机构不得在入学、就业体检中提供乙肝项目检测服务。因职业特殊确需在入学、就业体检时检测乙肝项目的，应由行业主管部门向卫生部提出研究报告和书面申请，经卫生部核准后方可开展相关检测。经核准的乙肝表面抗原携带者不得从事的职业，由卫生部向社会公布。军队、武警、公安特警的体检工作按照有关规定执行。

入学、就业体检需要评价肝脏功能的，应当检查丙氨酸氨基转移酶（ALT，简称转氨酶）项目。对转氨酶正常的受检者，任何体检组织者不得强制要求进行乙肝项目检测。

二、进一步维护乙肝表面抗原携带者入学、就业权利，保护乙肝表面抗原携带者隐私权

县级以上地方人民政府人力资源社会保障、教育、卫生部门要认真贯彻落实就业促进法、教育法、传染病防治法等法律及相关法规和规章，切实维护乙肝表面抗原携带者公平入学、就业权利。各级各类教育机构不得以学

生携带乙肝表面抗原为理由拒绝招收或要求退学。除卫生部核准并予以公布的特殊职业外,健康体检非因受检者要求不得检测乙肝项目,用人单位不得以劳动者携带乙肝表面抗原为由予以拒绝招(聘)用或辞退、解聘。有关检测乙肝项目的检测体检报告应密封,由受检者自行拆阅;任何单位和个人不得擅自拆阅他人的体检报告。

(二)员工学历或工作履历造假的,用人单位不得直接以欺诈为由解除劳动合同

《劳动合同法》规定,以欺诈的手段,在对方违背真实意思的情况下订立、变更劳动合同的,劳动合同无效或部分无效。同时,在劳动者存在欺诈的情形下,用人单位可以解除劳动合同且无须承担任何经济补偿金、赔偿金。实践中,某些劳动者入职时在其简历中对学历、工作履历等内容造假,夸大其词,以期获得工作机会。在这种情况下,用人单位能否以员工欺诈为由单方解除劳动合同,是用工实务中的一大难点。

【真实案例】

参见深圳市中级人民法院(2014)深中法劳终字第2528号民事判决书

1.案情概述

2012年4月19日,刘某入职玻某太阳能设备(深圳)有限公司(以下简称玻某太阳能公司),任高级质量工程师,月薪8500元。入职后,双方签订了劳动合同,期限为2012年4月19日至2015年4月18日。

2013年8月,玻某太阳能公司得知刘某在入职时填写的工作履历涉嫌造假:刘某在上一家太阳能公司的工作年限为8个月,但其入职时在应聘人员信息登记表、员工信息登记表等表单中均写明,其在上一家太阳能公司的工作年限为19个月。

玻某太阳能公司据此认为刘某入职期间提供虚假信息,伪造个人简历及工作背景,以不当手段赢取了入职机会。2013年8月26日,公司向刘某发出人事资料补齐通知,要求刘某在2013年8月27日前提供相关人事资

料，但随即于当日（2013 年 8 月 26 日）对刘某作出开除的处理决定。

另外，刘某因患肺结核病，从 2013 年 2 月 16 日起至 8 月 12 日止休假。

后刘某对该开除决定不服，向深圳市宝安区劳动人事争议仲裁委员会申请劳动仲裁，请求玻某太阳能公司支付解除劳动合同赔偿金 25,500 元、律师费 5000 元。

2. 裁判结果

深圳市中级人民法院经终审审理后认定：玻某太阳能公司单方解除劳动合同的行为缺乏事实和法律依据，且程序上存在明显瑕疵，构成违法解除，应当向刘某支付违法解除劳动合同赔偿金 25,500 元、律师费 5000 元。

3. 裁判理由

第一，虽然刘某提交的应聘人员信息登记表、员工信息登记表中填写的信息与其实际工作履历存在出入，但玻某太阳能公司作为用人单位，在聘用刘某时有审核刘某入职信息真实性的义务。在刘某已经入职一年以上且并无证据证明刘某不胜任工作岗位的情况下，玻某太阳能公司以“刘某入职期间提供虚假信息，伪造个人简历工作背景，以不当手段赢取了入职机会，严重违反公司规章制度”为由解除与刘某的劳动合同关系，显然缺乏充分的事实依据和法律依据。

第二，玻某太阳能公司作为用人单位，于 2013 年 8 月 26 日向刘某发出人事资料补齐通知，要求刘某于 2013 年 8 月 27 日前提供相关人事资料，但随即于当日（2013 年 8 月 26 日）对刘某作出开除的处理决定。用人单位单方解除劳动合同，对劳动者的工作、生活将产生重大影响，因此应当遵循慎重的原则。本案用人单位在给予劳动者一定期限以补充人事资料后，随即违反自己规定的期限，于当日即以“刘某入职期间提供虚假信息，伪造个人简历工作背景，以不当手段赢取了入职机会，严重违反公司规章制度”为由作出开除处理，在程序上存在明显的瑕疵。

【律师点评】

用人单位在解除与简历造假员工的劳动关系时，可以考虑依据《劳动合同法》第 39 条第 2 项、第 5 项的规定处理，员工严重违反用人单位规章制度；劳动者使用欺诈、胁迫的手段使用人单位在违背真实意思的情况下订立劳动合同的，用人单位可以单方解除劳动合同。对于提交虚假简历的员工，公

司可以同时或选择适用这两项规定单方解除劳动合同。在证明员工严重违纪时,公司要证明:

(1)员工存在违纪事实;

(2)公司有经过民主和公示程序的有效规章制度(如《员工手册》等);

(3)该有效的规章制度规定了提交虚假简历的行为将被视为严重违纪,公司有权单方立即解除劳动合同;

(4)员工存在不能胜任工作的事实,即员工并非如其简历描述的那样可以胜任岗位。

【HR 实务】

用人单位在单方解除与简历造假的员工之间的劳动合同时,为避免违法解除的法律风险,实务操作中需要特别注意以下几点:

(1)员工在与公司签订劳动合同时,存在有意告知公司虚假情况或故意隐瞒真实情况的欺诈行为,并且公司受该欺诈行为的影响,在违背真实意愿的情况下与员工订立劳动合同。

(2)公司需要注意保存证据证明造假的简历是由员工本人提交,并且员工明知该简历存在虚假内容。公司可以在招聘新员工时,要求员工在打印版的简历上签字,声明该简历为员工本人提交,并承诺所有内容均为真实、有效、准确的。如此一来,如果发生争议,员工则难以否认简历是由其提供或者辩称其不知道简历有虚假内容。

(3)在招聘新员工时,公司需尽到审查和注意的义务。公司在招聘新员工,尤其是岗位比较重要的员工时,应对员工进行背景调查,以核实员工简历的真实性。如果公司在尽到合理的审查和注意义务后,仍然未能发现员工简历中的虚假内容,则公司也可以据此抗辩员工故意欺瞒的行为事实确凿,公司不存在审查不严之疏忽。

(4)公司需要证明虚假简历的内容影响了员工工作的履行。如果员工只是“夸大”了部分事实且不影响员工的工作能力和技能,并且公司在员工入职较长一段时间后才发现员工简历造假从而解除劳动合同的,则一般认定公司的解除行为违法。

【法律链接】

《劳动合同法》

第二十六条 下列劳动合同无效或者部分无效：

（一）以欺诈、胁迫的手段或者乘人之危，使对方在违背真实意思的情况下订立或者变更劳动合同的；

（二）用人单位免除自己的法定责任、排除劳动者权利的；

（三）违反法律、行政法规强制性规定的。

对劳动合同的无效或者部分无效有争议的，由劳动争议仲裁机构或者人民法院确认。

第二十七条 劳动合同部分无效，不影响其他部分效力的，其他部分仍然有效。

第二十八条 劳动合同被确认无效，劳动者已付出劳动的，用人单位应当向劳动者支付劳动报酬。劳动报酬的数额，参照本单位相同或者相近岗位劳动者的劳动报酬确定。

第八十六条 劳动合同依照本法第二十六条规定被确认无效，给对方造成损害的，有过错的一方应当承担赔偿责任。

（三）录用通知书可作为认定劳动者福利待遇的依据

经过前期笔试、面试等招聘环节后，用人单位一般会给拟录用的应聘者发出录用通知书（offer letter）。一份条款完备的录用通知书中一般包括工资待遇、合同期限、试用期、社会保险、福利待遇、入职时间等与工作相关的主要事项。我国现行的《劳动合同法》等相关法律、法规中对录用通知书的性质和效力未作明确规定。因此导致很多用人单位的 HR 误以为录用通知书不是正式的劳动合同，没有法律效力。这些 HR 在录用通知书的设计、发送和撤销等方面没有规范的操作方式，因此引发大量的劳动争议，相关用人单位也因为这些不规范的操作而承担了不必要的损失。

【真实案例】

参见深圳市中级人民法院（2020）粤03民终14698号民事判决书

1. 案情概述

周某某于2017年2月16日入职某国际公司，于2019年9月12日离职。后周某某申请仲裁，要求公司支付2018年5月1日至2019年9月11日少发的工资（包括工资差额、年度双薪）、被迫解除劳动合同经济补偿金以及未休年休假工资。

双方争议的主要事实为：周某某主张存在年度双薪，并提交了录用通知书予以佐证。某国际公司对录用通知书的真实性认可，但认为双方签订的《劳动合同》未约定年度双薪，故主张不存在年度双薪。

2. 裁判结果

该案经深圳市中级人民法院终审判决认定：某国际公司未足额支付周某某劳动期间工资，周某某被迫提出解除劳动合同，某国际公司依法应向周某某支付经济补偿金。

3. 裁判理由

法院作出上述判决的理由如下：

根据查明的事实，某国际公司发送给周某某的录用通知书明确约定福利待遇包括年度双薪，而双方签订的劳动合同未约定年度双薪。在这种情况下，如何认定录用通知书的法律性质、效力以及录用通知书与劳动合同的关系尤为重要，分析认定如下：

首先，法院认为录用通知书的法律性质属于要约。录用通知书是用人单位向决定录用的员工所发出的愿意与其建立劳动关系的意思表示，待录用员工承诺后即形成合同关系。根据合同法的规定，要约是希望和他人订立合同的意思表示，该意思表示应当符合下列规定：（1）内容具体确定；（2）表明经受要约人承诺，要约人即受该意思表示约束。从构成要件分析，录用通知书是用人单位发出的意思表示；由用人单位向特定劳动者发出；录用通知书发出的目的是用人单位意欲与劳动者缔结劳动合同关系；录用通知书包含工作地点、工作岗位、薪资待遇等内容；录用通知书经劳动者承诺，即对用人单位具有约束力。由此可以看出，录用通知书符合要约的构成要件，其法律性质应属于要约。同时，根据合同法的规定，要约到达受要约人时生效。录用通知书作为要约，在送达劳动者时即生效，用人单位不得随意撤销或者对录用通知书作出实质性更改。

其次，录用通知书在劳动合同签订之后的法律效力。根据合同法的一般原理，合同的成立要经过要约和承诺两个程序，承诺通知到达要约人，合同成立，对双方产生约束力。按此原理，在用人单位向决定录用的劳动者发出录用通知书，劳动者接受并向用人单位报到时起，双方之间即存在劳动合同关系，这种劳动关系的具体内容通过录用通知书予以体现。换言之，录用通知书从用人单位单方面发出的要约，转化成了用人单位与劳动者双方达成的合意。实践中，绝大多数用人单位与劳动者签订的劳动合同，内容基本包含了录用通知书确定的工作地点、工作岗位、薪酬待遇等条款，此种情况下，录用通知书的法律效力等同于劳动合同。但也有用人单位与劳动者签订的劳动合同与录用通知书存在差别，特别是在薪酬待遇方面。在录用通知书与劳动合同内容不一致时，录用通知书的法律效力如何认定？实践中，有些观点认为，由于签订劳动合同在录用通知书之后，劳动合同内容与录用通知书不一致时，应理解为劳动合同修改了录用通知书的内容，应以劳动合同为准。法院认为，劳动合同法属于社会法，社会法通过调整主体之间的不平等关系，达到社会弱势群体与强势群体之间的利益平衡。劳动者在劳动合同关系中往往处于弱势地位，如果以一般合同法理论考量劳动合同中的要约变更要件，很有可能对劳动者造成不公平，不利于保护劳动者的合法权益。综上，法院认为，录用通知书的效力需根据实际情况区别对待，即在劳动合同中明确约定录用通知书条款不再执行时，视为双方达成了新的合意，此时应以劳动合同为依据；在录用通知书载明的内容没有在劳动合同中出现时，录用通知书应作为劳动合同的附件，与劳动合同具有同等法律效力。本案中，双方签订的劳动合同并未约定不再执行录用通知书中的内容，录用通知书中约定的年度双薪亦未体现在劳动合同中，此时录用通知书可以作为劳动合同的附件，对双方均具有约束力，周某某据此要求某国际公司支付2018 年年度双薪，应予支持。

【律师点评】

本质上，劳动合同也是合同，同样需遵守合同订立的一般规律。根据《民法典》的相关规定，合同通过要约、承诺的方式订立。发出的要约内容需具体明确，要约中需表明经受要约人承诺，要约人即受该意思表示的约束。

受要约人一旦作出有效的承诺,合同即告成立并产生法律约束力。

从相关规定可以看出,条款完备的录用通知书符合要约的全部特征:由公司向应聘者发出,明确包含了与应聘者工作相关的全部主要信息。因此,一份包含工资待遇、试用期、福利待遇、报到时间等与工作相关事项的录用通知书,司法实践中一般会被认定为用人单位向拟录用员工发出的工作“要约”。如果拟录用员工接受了该工作“要约”,那么该录用通知书对用人单位和拟录用员工均产生法律约束力,任何一方违反要约内容都应当承担违约责任。要约从送达起就生效,用人单位不得随意撤销或改变录用通知书的内容。

【HR 实务】

1. 录用通知书的制作

(1)录用通知书应当明确应聘者承诺回复的期限,如果应聘者没有按期回复确认,那么用人单位有权取消该职位或另寻他人。

(2)录用通知书应当明确违约责任,双方按照录用通知书载明的事项达成合意后,应聘者未在通知书规定的时限内报到,用人单位可以要求其承担违约责任。

(3)录用通知书中应当逐一列明不予录用的除外情况,以确保用人单位的录用主动权。因为录用通知书一旦发出即具有法律效力,用人单位不得随意变更内容。

(4)建议用人单位在录用通知书里增加如下内容:“如录用通知书内容与双方签订劳动合同内容不一致,以双方签订的劳动合同内容为准。”

2. 录用通知书的发放

(1)用人单位应当在明确录用该应聘者之后,再向其发出录用通知书。

(2)建议用人单位在应聘者入职体检合格后再发放录用通知书。这样,用人单位既可以根据体检结果来决定是否录用该应聘者,又能够避免因就业歧视引发劳动争议。

【法律链接】

《民法典》

第四百七十一条 当事人订立合同,可以采取要约、承诺方式或者其他方式。

第四百七十二条 要约是希望与他人订立合同的意思表示,该意思表示应当符合下列条件:

(一)内容具体确定;

(二)表明经受要约人承诺,要约人即受该意思表示约束。

第四百七十九条 承诺是受要约人同意要约的意思表示。

第四百八十条 承诺应当以通知的方式作出;但是,根据交易习惯或者要约表明可以通过行为作出承诺的除外。

第四百八十三条 承诺生效时合同成立,但是法律另有规定或者当事人另有约定的除外。

二、劳动合同订立、变更

（一）未依法订立书面劳动合同的，用人单位将支付最多相当于十一个月工资的二倍工资差额

根据《劳动合同法》的规定，用人单位与劳动者建立劳动关系的，应当最迟在用工之日起一个月内与劳动者订立书面劳动合同。否则，用人单位应当自用工之日起满一个月的次日至补订书面劳动合同的前一日，向劳动者每月支付二倍工资，并与劳动者补订书面劳动合同。随着《劳动合同法》的实施，用人单位不与劳动者订立书面合同的情况有所减少，但从劳动争议案件的相关司法实践中可以看出，劳动者诉求未签订书面劳动合同的二倍工资差额的情形仍大量存在。如何正确理解法律法规的相关规定，协助用人单位规避因未订立书面劳动合同而承担支付二倍工资的法律风险，是HR的重要工作之一。

【真实案例】

参见深圳市中级人民法院（2015）深中法劳初字第696号二审民事裁定书

1. 案情概述

纪某是深圳市长某导体照明股份有限公司（以下简称长某公司）的员工。2015年3月11日，双方第一份劳动合同到期。到期后，公司没有主动和纪某签订新的劳动合同，纪某仍在长某公司原岗位工作，长某公司仍按照原工资标准按月向其发放劳动报酬。

2015年8月10～12日，纪某与公司协商签订新的劳动合同，同时未去公司上班。长某公司以纪某旷工3日为由，单方解除了与纪某的劳动合同。

纪某随后向劳动争议仲裁委员会提起劳动仲裁，要求长某公司支付包括未签订书面劳动合同的二倍工资差额等在内的各项赔偿共计19,000元。

长某公司出庭答辩称：长某公司与纪某的劳动合同期限于2015年3月11日届满后，公司曾多次通知纪某续签劳动合同，但是纪某一直拒绝签订劳动合同。尽管签订劳动合同是用人单位的法定义务，但是如果劳动者不予配合，签署劳动合同作为一种双务法律行为，仅仅依靠用人单位单方行为是不可能完成的。

2. 裁判结果

该案经深圳市坪山新区劳动人事争议仲裁委员会仲裁，裁决长某公司败诉，应当向纪某支付未签订书面劳动合同的二倍工资差额。后长某公司向深圳市中级人民法院申请撤销该仲裁，但深圳市中级人民法院经审理，裁定驳回了长某公司的撤销仲裁申请，原仲裁裁决发生法律效力。

3. 裁判理由

第一，根据《劳动合同法》第10条、第82条的规定，用人单位与劳动者建立劳动关系，应当自用工之日起一个月内订立书面劳动合同。用人单位自用工之日起超过一个月不满一年未与劳动者订立书面劳动合同的，应当向劳动者每月支付二倍的工资。上述规定强调的是客观结果，即只要用人单位在客观上自用工之日起超过一个月但不满一年没有与劳动者签订书面劳动合同，就应当支付二倍工资。

第二，即使是劳动者拒绝与用人单位签订书面劳动合同，用人单位也应按照《劳动合同法实施条例》第5条、第6条的规定，在法定期限内书面通知劳动者终止劳动关系。长某公司在法定期限内未提出终止劳动关系，而是继续用工，在此情况下，其仍应承担未签订书面劳动合同的法律责任，即向劳动者支付未签订书面劳动合同的二倍工资差额。

【律师点评】

与建立劳动关系的劳动者签订书面劳动合同，是用人单位的法定义务。从上述案例中可以看出，劳动人事争议仲裁委员会、法院在判断用人单位是否需要承担未签订书面劳动合同的二倍工资差额时，依据的是用人单位与劳动者之间是否签订了书面劳动合同这一客观结果，即只要用人单位在法定期限内没有与劳动者签订书面劳动合同，就应当支付二倍工资。另外，根据诉讼法的相关规定,在劳动争议案件中,用人单位应当对劳动合同的签订情况进行举证。这在一定程度上方便了劳动者维权,用人单位支付未签订书面劳动合同的二倍工资差额的法律风险大大增加。

依照《劳动争议调解仲裁法》的相关规定,劳动者请求用人单位支付未签订书面劳动合同二倍工资差额的仲裁时效为1年。用人单位应当支付的二倍工资差额,从劳动者主张权利之日起往前倒推1年,按月计算,对超过一年的二倍工资差额不予支持。

【HR实务】

1.制定完善的劳动合同签订流程

自用工之日起一个月内,HR应当依法与员工签订书面劳动合同。在签订书面劳动合同的同时,HR还需要做好劳动合同的签收备案工作。对于员工的书面劳动合同、签收备案表等相关入职资料,HR应当建立对应的资料保管、借阅制度。

2.对于拒不签订劳动合同的劳动者,应当及时终止劳动关系

对于拒不签订劳动合同的劳动者,《劳动合同法实施条例》明确规定了用人单位终止劳动关系的法定权利。这就需要HR对劳动合同的到期、续签、终止情况做好管理。未签订书面劳动合同的风险一般存在于前一份劳动合同到期后,用人单位没有与劳动者续签劳动合同但劳动者却仍在原岗位工作等情况中。对于这类劳动者,HR应当及时安排补签、续签书面劳动合同。

【法律链接】

1.《劳动合同法》

第十条　建立劳动关系,应当订立书面劳动合同。

已建立劳动关系,未同时订立书面劳动合同的,应当自用工之日起一个月内订立书面劳动合同。

用人单位与劳动者在用工前订立劳动合同的,劳动关系自用工之日起建立。

第八十二条　用人单位自用工之日起超过一个月不满一年未与劳动者订立书面劳动合同的,应当向劳动者每月支付二倍的工资。

用人单位违反本法规定不与劳动者订立无固定期限劳动合同的，自应当订立无固定期限劳动合同之日起向劳动者每月支付二倍的工资。

2.《劳动合同法实施条例》

第五条 自用工之日起一个月内，经用人单位书面通知后，劳动者不与用人单位订立书面劳动合同的，用人单位应当书面通知劳动者终止劳动关系，无需向劳动者支付经济补偿，但是应当依法向劳动者支付其实际工作时间的劳动报酬。

第六条 用人单位自用工之日起超过一个月不满一年未与劳动者订立书面劳动合同的，应当依照劳动合同法第八十二条的规定向劳动者每月支付两倍的工资，并与劳动者补订书面劳动合同；劳动者不与用人单位订立书面劳动合同的，用人单位应当书面通知劳动者终止劳动关系，并依照劳动合同法第四十七条的规定支付经济补偿。

前款规定的用人单位向劳动者每月支付两倍工资的起算时间为用工之日起满一个月的次日，截止时间为补订书面劳动合同的前一日。

第七条 用人单位自用工之日起满一年未与劳动者订立书面劳动合同的，自用工之日起满一个月的次日至满一年的前一日应当依照劳动合同法第八十二条的规定向劳动者每月支付两倍的工资，并视为自用工之日起满一年的当日已经与劳动者订立无固定期限劳动合同，应当立即与劳动者补订书面劳动合同。

（二）二倍工资差额的计算基数为包括加班工资在内的劳动者当月应发工资

《劳动合同法》第 82 条第 1 款规定，用人单位自用工之日起超过一个月不满一年未与劳动者订立书面劳动合同的，应当向劳动者每月支付二倍的工资。据此，用人单位没有依法与劳动者签订书面劳动合同的，应当支付二倍工资差额，也就是实践中 HR 常遇到的“二倍工资差额问题”。在确定用人单位应向劳动者支付未签订书面劳动合同的二倍工资差额以后，接下来就需要确定二倍工资差额的计算基数。有观点认为，二倍工资差额的计算基数是劳动者的当月实发工资;也有观点认为,二倍工资差额的计算基数不仅包括加班费,还包括季度奖、年终奖等奖金。下文通过分析深圳市中级人民法院的一篇裁判案例,为HR介绍深圳地区司法机构对该问题的裁判观点:二倍工资差额的计算基数为包括加班工资在内的当月应得工资,但不包括支付周期超过一个月或未确定支付周期的劳动报酬。

【真实案例】

参见深圳市中级人民法院(2015)深中法劳终字第3058号民事判决书

1. 案情概述

2013年12月2日,王某入职深圳市三某达纸制品有限公司(以下简称三某达公司),但三某达公司没有与王某签订书面劳动合同。

2014年11月,王某与三某达公司因加班费发生争议。王某向当地劳动人事争议仲裁委员会提起劳动仲裁,要求三某达公司支付加班费;同时要求三某达公司支付2014年1月2日至11月8日的二倍工资差额。

2. 裁判结果

深圳市龙岗区人民法院一审认定,三某达公司未与王某签订书面劳动合同的行为违法,应当支付二倍工资差额;但法院同时认定在计算二倍工资时,加班费不应计算在内。王某不服一审判决,向深圳市中级人民法院上诉,请求在计算二倍工资差额时将加班费计算在内。

深圳市中级人民法院经审理后认定,加班费作为按月发放的劳动报酬,在计算二倍工资差额时应当计算在内,判决支持了王某的上诉请求。

3. 裁判理由

第一,三某达公司关于无须支付二倍工资差额的上诉请求,因其在原审时并未提出,法院不予审理。

第二,未签劳动合同二倍工资的计算基数为劳动者当月应得工资,加班工资属于劳动者当月应得工资,故王某关于二倍工资差额包含加班工资的上诉请求成立,法院予以支持。

【律师点评】

根据深圳市中级人民法院等司法机构的裁判观点,《劳动合同法》第82条规定的二倍工资差额的计算基数应为包括加班工资在内的当月应得工

资,但不包含支付周期超过一个月或未确定支付周期的劳动报酬。对于该观点可以从以下两方面理解:

1. 二倍工资差额的计算基数为包括加班工资在内的当月全部应得工资

(1)二倍工资差额的计算基数是应发工资,而非实发工资。HR 在计算劳动者的实发工资时,需要扣除相应的社会保险费用、公积金费用等其他依法、依约由用人单位代扣的项目。一般来说,实发工资会远少于应发工资。

(2)加班工资也需计算在内。加班费作为劳动报酬的一部分,用人单位一般会按月发放。在存在加班的情况下,劳动者的应发工资里也必然包括加班工资。

2. 支付周期超过一个月或者未确定支付周期的劳动报酬不计算在内

在计算二倍工资差额的基数时,按月计发的劳动报酬都应计算在内。包括上述的加班工资以及按月计发的福利补贴等。

支付周期超过一个月或者未确定支付周期的劳动报酬,由于支付周期过长或者支付周期不够明确,如果在计算二倍工资差额时全部计算在内,对用人单位明显不公平。因此,如季度奖、年终奖等项目不应计算在内。

【HR 实务】

二倍工资差额的计算基数为包括加班工资在内的当月应得工资,而非实发工资。这实际上进一步加大了用人单位不依法签订书面劳动合同的赔偿范围。HR 在实际工作中应当做好劳动合同的续签、跟踪工作,从源头上避免用人单位支付二倍工资差额的用工风险。具体的操作建议,参见本书关于劳动合同订立的其他问题中 HR 实务的内容。

【法律链接】

1.《劳动合同法》

第八十二条 用人单位自用工之日起超过一个月不满一年未与劳动者订立书面劳动合同的,应当向劳动者每月支付二倍的工资。

用人单位违反本法规定不与劳动者订立无固定期限劳动合同的,自应当订立无固定期限劳动合同之日起向劳动者每月支付二倍的工资。

2. 深圳市中级人民法院《关于审理劳动争议案件的裁判指引》

七十、《劳动合同法》第八十二条规定的二倍工资差额的计算基数应为包括加班工资在内的当月应得工资,但不包含支付周期超过一个月或未确定支付周期的劳动报酬。

(三)劳动者已签订固定期限劳动合同的,在履行过程中不得要求重新签订无固定期限劳动合同,也不得主张二倍工资差额

《劳动合同法》第14条规定,在符合法定条件时,若劳动者提出或者同意续订、订立劳动合同,除劳动者提出订立固定期限劳动合同外,应当订立无固定期限劳动合同。但对该条规定应做何理解,实践中并不统一。有观点认为,在符合订立无固定期限劳动合同的条件时,用人单位丧失了缔约的选择权,只能与劳动者订立无固定期限劳动合同;否则,就应当承担未订立无固定期限劳动合同的二倍工资差额。但根据广东省和深圳市的相关法律规定,即使符合订立无固定期限劳动合同的法定条件,劳动者也需要明确向用人单位提出订立无固定期限劳动合同的要求;若劳动者没有作出明确要求,用人单位与劳动者订立的固定期限劳动合同仍合法有效。劳动者因此主张重新签订无固定期限劳动合同,或者要求用人单位支付未订立无固定期限劳动合同二倍工资差额的,法院不予支持。

【真实案例】

参见深圳市中级人民法院(2015)深中法劳终字第3606号民事判决书

1. 案情概述

徐某是嘉某针车(深圳)有限公司的员工,截至2008年《劳动合同法》实施时,徐某已在嘉某针车(深圳)有限公司工作超过13年。徐某已满足《劳动合同法》第14条"连续工作满十年"的规定,即符合签订无固定期限劳动合同的条件。但嘉某针车(深圳)有限公司并未与徐某签订无固定期限劳动合同,而是与其签订了固定期限劳动合同。徐某离职前双方履行的劳动合

同期限为2013年10月1日至2015年9月30日。

后徐某认为嘉某针车(深圳)有限公司未按照《劳动合同法》的规定与其签订无固定期限劳动合同,遂向当地劳动人事争议仲裁委员会申请劳动仲裁,要求嘉某针车(深圳)有限公司支付未签订无固定期限劳动合同的二倍工资差额。

2. 裁判结果

该案经深圳市龙岗区劳动人事争议仲裁委员会仲裁、龙岗区人民法院审理,均判决徐某败诉,嘉某针车(深圳)有限公司无须支付徐某未签订无固定期限劳动合同的二倍工资差额。徐某对一审判决结果不服,向深圳市中级人民法院上诉,但深圳市中级人民法院经审理,判决驳回了徐某的上诉请求,维持了原判决。

3. 裁判理由

第一,嘉某针车(深圳)有限公司与徐某已签订劳动合同,并不存在未签订劳动合同的问题。徐某在其工龄满10年后仍继续与嘉某针车(深圳)有限公司签订固定期限的劳动合同,该合同是双方的真实意思表示,合法有效。

第二,徐某并未提供证据证明其在签订劳动合同时要求嘉某针车(深圳)有限公司签订无固定期限的劳动合同而嘉某针车(深圳)有限公司拒不签订,其上诉要求嘉某针车(深圳)有限公司支付未签订无固定期限劳动合同的二倍工资差额的理由不成立,法院不予支持。

【律师点评】

《劳动合同法》第14条规定了应当订立无固定期限劳动合同的几种情形:

“(一)劳动者在该用人单位连续工作满十年的;

(二)用人单位初次实行劳动合同制度或者国有企业改制重新订立劳动合同时,劳动者在该用人单位连续工作满十年且距法定退休年龄不足十年的;

(三)连续订立二次固定期限劳动合同,且劳动者没有本法第三十九条和第四十条第一项、第二项规定的情形,续订劳动合同的。

用人单位自用工之日起满一年不与劳动者订立书面劳动合同的,视为用人单位与劳动者已订立无固定期限劳动合同。”

用人单位依法应当与符合上述情形的劳动者订立无固定期限劳动合同。但符合订立无固定期限劳动合同的法定条件,用人单位却与劳动者订立了固定期限劳动合同的,用人单位是否需要支付未签订无固定期限劳动合同的二倍工资差额是实践中争议较大的问题。

从上述案例的判决结果可以看出,目前深圳市劳动人事争议仲裁委员会、法院的观点认为,在符合订立无固定期限劳动合同条件时用人单位订立了固定期限劳动合同,只要不存在欺诈、胁迫、乘人之危等导致合同无效的行为,理应认定该固定期限劳动合同有效。对劳动者因此主张未签订无固定期限劳动合同的二倍工资差额的,不予支持。

这一裁判观点目前在劳动法司法实践中是主流观点,也被深圳市中级人民法院等司法机构采纳。按照该观点对《劳动合同法》的理解,在符合签订无固定期限劳动合同的条件时,劳动者一方需要明确向用人单位提出订立无固定期限劳动合同;如果劳动者没有提出,用人单位既可以选择与劳动者订立固定期限劳动合同,也可以选择与劳动者订立无固定期限劳动合同。

【HR实务】

1. 做好劳动合同的续签和跟踪工作

《劳动合同法》规定了签订无固定期限劳动合同的几种情形,其实质相当于降低了签订无固定期限劳动合同的门槛。HR应当做好劳动合同的续签和跟踪工作,确保劳动者符合签订无固定期限劳动合同的法定情形时,及时做出选择,避免二倍工资差额赔偿的法律风险。

2. 做好劳动者表达意见的留存工作

从上面的案例可以看出,在劳动者符合签订无固定期限劳动合同的法定条件时,劳动者一方需要明确向用人单位提出订立无固定期限劳动合同;如果劳动者没有提出,用人单位可以选择与劳动者订立固定期限劳动合同,也可以选择与劳动者订立无固定期限劳动合同。因此,劳动者的意见表达是判断用人单位是否违规的重要证据。HR不仅应当做好劳动者意见的征询工作,还应当保存好相应的书面证据,以免劳动者日后反悔,致使用人单位面临由于举证不能而支付二倍工资差额的法律风险。

【法律链接】

1.《劳动合同法》

第十四条 无固定期限劳动合同，是指用人单位与劳动者约定无确定终止时间的劳动合同。

用人单位与劳动者协商一致，可以订立无固定期限劳动合同。有下列情形之一，劳动者提出或者同意续订、订立劳动合同的，除劳动者提出订立固定期限劳动合同外，应当订立无固定期限劳动合同：

（一）劳动者在该用人单位连续工作满十年的；

（二）用人单位初次实行劳动合同制度或者国有企业改制重新订立劳动合同时，劳动者在该用人单位连续工作满十年且距法定退休年龄不足十年的；

（三）连续订立二次固定期限劳动合同，且劳动者没有本法第三十九条和第四十条第一项、第二项规定的情形，续订劳动合同的。

用人单位自用工之日起满一年不与劳动者订立书面劳动合同的，视为用人单位与劳动者已订立无固定期限劳动合同。

2. 深圳市中级人民法院《关于审理劳动争议案件的裁判指引》

六十七、用人单位拒绝与符合《劳动合同法》第十四条第二款规定的条件的劳动者签订无固定期限劳动合同，劳动者要求其支付二倍工资至补订无固定期限劳动合同前一日的，应予支持。

七十七、在固定期限劳动合同履行过程中，符合签订无固定期限劳动合同条件的劳动者要求在固定期限劳动合同期满后与用人单位续签无固定期限劳动合同的，应在固定期限劳动合同期满终止前提出。

（四）用人单位单方调整劳动者的工作岗位，应当具备合理性

《劳动合同法》第40条规定，在员工不能胜任工作和医疗期满不能从事原工作的情形下，用人单位有调岗权。《女职工劳动保护特别规定》第6条规定，女职工在孕期不能适应原工作的，用人单位可以安排其他能够适

应的工作;《职业病防治法》第 35 条规定,在职业健康检查中发现有与所从事的职业相关的健康损害的劳动者,用人单位应当将其调离原工作岗位。

从以上规定可以看出,法律、法规明文规定的企业可单方调岗的情形是基于员工的身体状况或者工作能力出现了新情况致使其不能适应原岗位的工作,包括“不胜任工作”“医疗期满”等特殊情况,一般称为“法定调岗权”。在法定调岗权之外,用人单位单方调整劳动者工作岗位的权利被严格限制。在因此引发的劳动争议中,用人单位只有举证证明其单方调岗行为具备合理性,才能免除支付经济补偿金的责任。

【真实案例】

参见深圳市中级人民法院(2015)深中法劳终字第 4241 – 4247 号民事判决书

1. 案情概述

2014 年,深圳格某达电子设备有限公司(以下简称格某达公司)因业务发展需要,撤销了公司原设的项目二部,安排原在项目二部工作的李某等七人到公司其他项目部工作,工作职位与调整前相同,薪酬待遇不发生变化。

格某达公司发出调岗通知,要求相关人员于 2014 年 11 月 10 日 18 时之前前往人力资源部门报到,办理调岗手续,更换工作卡,逾期报到视为旷工。李某等七人不同意岗位调整,经格某达公司多次催告,仍未办理调岗手续。后格某达公司以李某等七人违反公司规章制度即《公司奖惩规定》为由,单方解除了劳动合同。

李某等七人对格某达公司的处理决定不服,向当地劳动人事争议仲裁委员会申请劳动仲裁,请求格某达公司支付违法解除劳动合同的赔偿金。

2. 裁判结果

该案经深圳市龙岗区人民法院一审,认定格某达公司单方调整李某等七人的工作岗位并无不妥,具有合理性;李某等七人未按照格某达公司要求到新岗位报到,格某达公司以旷工为由单方解除劳动合同的行为合法,无须支付经济补偿。李某等七人不服一审判决,提起上诉。深圳市中级人民法院经审理后维持原判,该案以李某等七人败诉告终。

3. 裁判理由

深圳市中级人民法院认为,在公平合理范围内,用人单位对劳动者可以适当行使一定的单方调岗权。判断用人单位单方调整劳动者工作岗位的行为是否违反法律规定,关键在于对"合理性"的正确把握:

第一,调岗基于企业的生产经营需要或因劳动者个人能力、工作态度等因素导致,即调岗具有必要性;

第二,调岗前后工资待遇应当持平;

第三,调岗后未增加劳动者的劳动成本;

第四,调岗行为不具有侮辱性和惩罚性。

本案格某达公司因李某等七人所在的部门被撤销而调整了李某等七人的工作岗位,是基于企业生产需要的正常岗位调整。李某等七人调整后的工作职位与调整前一致,工资待遇按劳动合同约定并无调整。李某等七人称岗位调整后收入将降低,但未能提供证据予以证明,法院不予采信。同时,上述调岗亦未增加劳动者的劳动成本,不具有侮辱性和惩罚性,故法院认定格某达公司对李某等七人的岗位调整是符合法律规定的。

格某达公司发出调岗通知要求相关人员前往人力资源部门报到,办理调岗手续,更换工作卡,逾期报到视为旷工。李某等七人不同意岗位调整,经格某达公司多次催告,仍未到新岗位上班,原审判决认定李某等七人的行为属于旷工并无不当,故格某达公司以李某等七人违反公司规章制度为由单方解除劳动合同系合法解除,无须支付违法解除劳动合同的赔偿金。

【律师点评】

为了在保障企业用工自主权的同时防止权利滥用,法律法规规定企业行使单方调岗权的前提是调岗具有合理性。在判断用人单位单方调岗是否合理时,可从制度依据合理性、事实依据合理性、程序正当性、内容合理性四个维度进行综合判断。

1. 制度依据合理性

用人单位单方调岗的制度依据是用人单位单方调岗的权利基础,主要包括两个方面:

(1)劳动合同的约定。司法机构在审查单方调岗合理性时,出于契约自由的考量,如果劳动合同中存在有关单方调岗的约定,司法机构会更认可用人单位单方调岗行为的合理性。但劳动合同中有关单方调岗的约定应当具体、明确,需要明确规定单方调岗的前提条件、调整的岗位范围、调岗后的薪酬待遇等具体事项。目前,实务中的大量劳动合同中存在“企业可以根据工作需要及乙方的工作能力,调整乙方的工作岗位”等类似条款,由于排除劳动者的权利,此类条款存在被认定为无效的法律风险。

(2)企业规章制度的规定。根据《劳动合同法》的相关规定,经过民主程序、公示程序制定的规章制度是企业行使自主管理权的首要依据。一份经合法程序制定的规章制度完全可以成为用人单位单方调岗合理性的基础证据。

2. 事实依据合理性

事实依据,是指存在迫使用人单位须对员工单方调岗的客观原因,一般包括企业生产经营需要和员工素质发生变化两种情况。需要注意的是,无论是企业生产经营需要还是员工素质发生变化,用人单位都应当提供客观证据予以证明。

3. 程序正当性

用人单位单方调岗本质上来说属于劳动合同的变更,HR在操作单方调岗时需特别注意程序的正当性。一般来说,单方调岗应当遵循以下程序要求:保障员工知情权、积极听取员工意见、给予员工合理的考虑期限。

4. 内容合理性

调岗内容合理性,考量的是调整岗位后的薪酬待遇、工作内容、工作地点等内容与原岗位的相似度,相似度越高,单方调岗的合理性越高。内容合理性一般包括:薪酬相似、工作内容相似、任职资格相似、工作地点和工作环境相似、工作时间相似。

【HR实务】

从上述单方调岗的合理性的四个维度分析,HR操作单方调岗应当注意以下实务要点:

1. 做好劳动合同和规章制度的条款设计

员工入职时,企业应当有针对性地对特殊员工的劳动合同做单方调岗的约定,如对于某些需要经常出差或两地办公的员工,在劳动合同中应当约定用人单位可以在特殊情形下调整员工的工作岗位。对于其他普通员工,如果劳动合同中不作约定，那么应当在规章制度中对用人单位单方调岗权作出兜底约定，同时做好规章制度的民主、公示程序，确保规章制度合法有效。

2. 保存好客观情况发生变化的证据

无论是企业生产经营需要还是员工素质发生变化，HR 都应当做好证据的收集工作，包括工作会议记录、决议、考核结果等。

3. 做好岗位安排工作

对于调整岗位的，应当注意调整前后岗位的相似度，至少确保调整后员工的薪酬待遇与原岗位基本相当。

4. 充分保障员工知情权

HR 在操作单方调岗时，应特别注意程序正当性，充分保障员工知情权，不激化矛盾。

【法律链接】

佛山市中级人民法院、佛山市劳动争议仲裁委员会《关于审理劳动争议案件若干问题的指导意见》

第三十条 用人单位调整劳动者工作岗位并同时符合以下情形的，视为用人单位合法行使用工自主权，劳动者以《劳动合同法》第三十八条第一款第（一）项的规定，要求解除劳动合同并支付经济补偿金的，不予支持。

（一）对用人单位调整劳动者工作岗位劳动合同中有约定或用人单位的规章制度有规定；

（二）调整劳动者岗位是用人单位生产经营的需要；

（三）调整岗位后劳动者的工资水平应与原岗位工资水平基本相当；

（四）不具有侮辱性或惩罚性质；

（五）无其他违反劳动合同或劳动法律、法规的行为。

三、劳动合同终止、续签

(一)劳动者拒签书面劳动合同，用人单位有权终止劳动关系

《劳动合同法》第10条规定，建立劳动关系的同时应订立书面劳动合同，由此可知，“签订书面劳动合同”是用人单位和劳动者的法定义务。有时候，虽然单位愿意签订书面劳动合同，劳动者却拒绝签订，此时用人单位依法享有终止劳动关系的权利。但因双方未签订劳动合同，只是建立了劳动关系。令人遗憾的是，实务中有很多用人单位因为终止劳动关系不及时而支付了额外的补偿。

【真实案例】

参见深圳市龙岗区人民法院(2014)深龙法劳初字第578号民事判决书

1. 案情概述

冯某于2003年7月16日入职丰某电子技术开发有限公司(以下简称丰某公司)，任高级工程师。2011年7月21日双方签订劳动合同一份，合同约定：“一、劳动合同期限中载明双方同意按以下第一种确定本劳动合同期限。1. 有固定期限：从2011年7月1日起至2014年6月30日止……”

劳动合同届满时，丰某公司出具劳动合同续签签收表一份，文件名旁加注“(请在3天内将《劳动合同书》回签交给管理部)”。冯某在“续签劳动合同书发放日期”栏内注明“6.27”并在“本人签收”栏内亲笔签名确认。

2014年7月31日丰某公司出具《终止劳动合同通知书》，载明“冯某：你与本公司签订的劳动合同已于2014年6月30日届满，本公司已于2014年6

月 27 日、7 月 11 日、7 月 25 日、7 月 30 日数次通知你按原劳动合同条件与你续签无固定期限或者固定期限劳动合同。但你要求将请假不扣工资、加班报销出租车费等条件写入劳动合同,并声称如果不将上述条件写入,就拒绝签订劳动合同……特依劳动合同法第四十四条终止与你的固定期限劳动合同……”据此,丰某公司于 2014 年 8 月 4 日出具冯某的《离职证明书》,单方解除了与冯某的劳动合同。

本案经过劳动仲裁,裁决丰某公司支付解除劳动关系的经济补偿金 124,934.62 元。丰某公司诉至法院,辩称:根据法律的相关规定,劳动合同到期后一个月内,经公司书面通知后,冯某不与公司订立书面劳动合同,公司单方面解除劳动关系合法合理,无须向劳动者支付经济补偿金。

2. 裁判结果

深圳市宝安区人民法院经审理,支持公司的诉讼请求,判决丰某公司无须支付解除劳动关系的经济补偿金 124,934.62 元。

3. 裁判理由

《劳动合同法实施条例》第 5 条规定:“自用工之日起一个月内,经用人单位书面通知后,劳动者不与用人单位订立书面劳动合同的,用人单位应当书面通知劳动者终止劳动关系,无需向劳动者支付经济补偿,但是应当依法向劳动者支付其实际工作时间的劳动报酬。”本案中,双方签订的劳动合同在 2014 年 6 月 30 日到期,丰某公司也举证证明了劳动者拒签的事实,按照法律规定,丰某公司应该在 7 月 31 日之前书面通知劳动者终止劳动关系。因此,丰某公司于 2014 年 7 月 31 日出具《终止劳动合同通知书》终止与冯某的劳动关系合法,无须支付经济补偿金。

【律师点评】

劳动合同是明确劳资双方权利义务最核心、最重要的文件,因此《劳动合同法》强制要求劳资双方签订书面劳动合同,又因为劳动者是弱势一方,法律分配用人单位承担更大的签约主导义务。如果用人单位未与劳动者签订书面劳动合同,则用人单位需从用工第二个月开始向劳动者支付未签订书面劳动合同的二倍工资。

实践中也存在很多劳动者由于个人原因不愿意签订劳动合同的情况。此时,法律法规也赋予了用人单位单方终止劳动关系的权利。但终止权行

使的时间节点不同,会产生完全不同的法律效果,具体如下:

第一,劳动者在用工之日起一个月内拒绝签订书面劳动合同的,用人单位有权单方终止劳动关系。

第二,劳动者在用工之日起超过一个月不满一年拒绝签订劳动合同的,用人单位有权终止劳动关系,但需同时向劳动者支付从满一个月的次日起至终止劳动关系期间的二倍工资差额和终止劳动关系的经济补偿金。

第三,劳动者在用工之日起超过一年没有与用人单位签订书面劳动合同的,视为双方已经签订了无固定期限劳动合同,此时用人单位丧失了单方面终止劳动关系的权利。

需要说明的是,劳动合同到期后用人单位继续用工的,可参照适用上述三点,合同到期之次日就等同于用工之日。

【HR实务】

劳动者拒签劳动合同的,用人单位一定要做好"劳动者拒签"的取证工作,及时行使劳动关系终止权,否则将承担不利的法律后果。具体实务中可从以下几点把握:

(1)用人单位依然要尽到及时催告的义务,对于新入职的员工,应在一个月内安排签订书面劳动合同;对于合同即将到期的员工,最好在合同到期前一个月书面征询劳动者续签意愿。

(2)出现劳动者拒签的情形,可通过谈话录音、短信、邮箱等方式取证证明"劳动者拒签"的事实,并在用工一个月内终止劳动关系。

【法律链接】

1.《劳动合同法》

第十条 建立劳动关系,应当订立书面劳动合同。

已建立劳动关系,未同时订立书面劳动合同的,应当自用工之日起一个月内订立书面劳动合同。

用人单位与劳动者在用工前订立劳动合同的,劳动关系自用工之日起建立。

第八十二条 用人单位自用工之日起超过一个月不满一年未与劳动者订立书面劳动合同的,应当向劳动者每月支付二倍的工资。

用人单位违反本法规定不与劳动者订立无固定期限劳动合同的，自应当订立无固定期限劳动合同之日起向劳动者每月支付二倍的工资。

2.《劳动合同法实施条例》

第五条 自用工之日起一个月内，经用人单位书面通知后，劳动者不与用人单位订立书面劳动合同的，用人单位应当书面通知劳动者终止劳动关系，无需向劳动者支付经济补偿，但是应当依法向劳动者支付其实际工作时间的劳动报酬。

第六条 用人单位自用工之日起超过一个月不满一年未与劳动者订立书面劳动合同的，应当依照劳动合同法第八十二条的规定向劳动者每月支付两倍的工资，并与劳动者补订书面劳动合同；劳动者不与用人单位订立书面劳动合同的，用人单位应当书面通知劳动者终止劳动关系，并依照劳动合同法第四十七条的规定支付经济补偿。

前款规定的用人单位向劳动者每月支付两倍工资的起算时间为用工之日起满一个月的次日，截止时间为补订书面劳动合同的前一日。

第七条 用人单位自用工之日起满一年未与劳动者订立书面劳动合同的，自用工之日起满一个月的次日至满一年的前一日应当依照劳动合同法第八十二条的规定向劳动者每月支付两倍的工资，并视为自用工之日起满一年的当日已经与劳动者订立无固定期限劳动合同，应当立即与劳动者补订书面劳动合同。

3. 深圳市中级人民法院《关于审理劳动争议案件的裁判指引》

六十五、自用工之日起一个月内，或者劳动合同期满后劳动者仍在用人单位工作的一个月内，发生下列情形之一，导致用人单位未能与劳动者订立书面劳动合同的，该情形存续期间不计算在用人单位应当订立书面劳动合同的一个月期限内：

(1)不可抗力；

(2)劳动者丧失意思能力或被依法限制人身自由，客观上无法订立劳动合同；

(3)因确认劳动关系争议或解除劳动关系是否合法争议申请劳动仲裁或者诉讼尚未结案；

(4)因其他客观原因足以影响双方签订书面劳动合同的。

自前款规定的情形消除之日起，用人单位应当订立书面劳动合同的一个月期限继续计算。

七十九、在用工之日起一个月内,劳动者拒绝签订书面劳动合同,用人单位书面提出终止劳动关系的,用人单位无需支付经济补偿,但应当依法向劳动者支付其实际工作期间的劳动报酬。

在自用工之日起超过一个月不满一年期间,劳动者拒绝签订书面劳动合同,用人单位书面提出终止劳动关系的,用人单位除向劳动者支付劳动报酬外,还应支付终止劳动关系的经济补偿。

自用工之日起满一年后,用人单位未与劳动者订立书面劳动合同的,视为自用工之日起满一年的当日已经与劳动者订立了无固定期限劳动合同,用人单位应当立即与劳动者补订书面劳动合同。

劳动合同期满后,劳动者继续在用人单位工作的,参照上述规定处理。

(二)劳资双方不能在劳动合同终止的法定条件之外另行约定终止条件

劳动合同的终止和解除是劳动关系消灭的两种方式,终止多是因一些客观情形出现而导致,解除则是劳动者或者用人单位基于主观的意愿行使法律赋予的解除权的结果。在企业用工实务中,存在劳资双方在法定终止条件之外约定劳动合同终止条件的情形,但用人单位在约定的终止条件成就时发出终止劳动合同的通知,在司法判例中往往会被认定为违法解除劳动合同,并被判支付赔偿金。

【真实案例】

参见深圳市中级人民法院(2010)深中法民六终字第3427号民事判决书

1. 案情概述

李某于2007年1月入职深圳市川某餐饮管理有限公司(以下简称川某公司),双方签订了《劳动合同》。《劳动合同》中约定:“每年甲方单位有两次民主评议,如乙方两次评议均未通过(通过的标准为80分)则被淘汰,合同即终止,甲方不须向乙方支付任何费用。”2009年,川某公司以李某经民主评议被淘汰为由，单方面终止双方劳动合同。

李某遂诉至法院，要求川某公司支付违法解除劳动合同的赔偿金。该案经过两审，李某认为川某公司依据《劳动合同》约定单方解除劳动关系不合法，川某公司辩称该约定是双方协商一致的结果，其据此解除合同合法。

2. 裁判结果

深圳市中级人民法院经审理认为，川某公司属于违法解除劳动合同，应向李某支付赔偿金 13,219.36 元。

3. 裁判理由

《劳动合同法实施条例》第 13 条规定："用人单位与劳动者不得在劳动合同法第四十四条规定的劳动合同终止情形之外约定其他的劳动合同终止条件"。川某公司在劳动合同中约定："每年甲方单位有两次民主评议，如乙方两次评议均未通过（通过的标准为 80 分）则被淘汰，合同即终止，甲方不须向乙方支付任何费用。"该约定违反了法律禁止性规定，应属无效。故川某公司以李某经民主评议被淘汰为由终止劳动合同没有法律依据，属于用人单位违法解除劳动合同，依据《劳动合同法》第 87 条的规定，应向李某支付赔偿金。

【律师点评】

在《劳动合同法》《劳动合同法实施条例》实施之前，劳资双方的权利义务主要靠《劳动法》来调整，而《劳动法》第 23 条赋予了双方约定劳动合同终止条件的权利。在实务中，很多用人单位借此在劳动合同中约定了很多劳动合同终止条件，虽名为终止条件和终止权，但实质构成了用人单位法定解除权之外的约定解除权。由于劳动合同版本一般由用人单位提供，劳动者在缔约之初处于弱势地位，允许双方约定劳动合同的终止条件明显不利于保护劳动者的权利。故此，《劳动合同法》《劳动合同法实施条例》采取了劳动合同终止条件法定的原则，禁止劳资双方约定终止条件。

在《劳动合同法》实施后，如果用人单位与劳动者约定劳动合同终止条件，并根据约定终止劳动合同，则会被认定为违法解除或终止劳动合同，需要向劳动者支付违法解除劳动合同的赔偿金。

【HR实务】

禁止用人单位与劳动者约定劳动合同的终止条件,虽然有利于保护劳动者的权益,却限制了用人单位的用工自主权和灵活性。为实现用人单位用工自主权的充分发挥,以下几点在实务操作中可供参考:

(1)《劳动合同法》规定劳动合同期满即终止,其中有一种合同是以完成一定工作任务为期限的劳动合同。法律禁止约定终止条件,但是允许用人单位和劳动者在缔约之初约定工作任务,工作任务完成即视为期限届满。用人单位需要做的就是明确工作任务,明确完成的标志。工作任务完成,即期限届满,劳动合同即告终止。

(2)对于临时性、辅助性或替代性的岗位可以采取劳务派遣的用工形式,在派遣协议里约定退工的具体条件,条件成就即可退工。用工单位不涉及因终止或者解除劳动合同而产生的风险,退工后劳动合同是否终止或者解除由派遣单位决定,其风险也由派遣单位承担。

(3)对于非公司主营业务的岗位,可以采取业务外包的形式,此种形式不存在劳动法律关系,不受劳动法律法规调整。用工单位可以任意约定终止合作的条件,条件成就即可解约。

【法律链接】

1.《劳动法》

第二十三条 劳动合同期满或者当事人约定的劳动合同终止条件出现,劳动合同即行终止。

2.《劳动合同法》

第四十四条 有下列情形之一的,劳动合同终止:

(一)劳动合同期满的;

(二)劳动者开始依法享受基本养老保险待遇的;

(三)劳动者死亡,或者被人民法院宣告死亡或者宣告失踪的;

(四)用人单位被依法宣告破产的;

(五)用人单位被吊销营业执照、责令关闭、撤销或者用人单位决定提前解散的;

(六)法律、行政法规规定的其他情形。

3.《关于贯彻执行〈中华人民共和国劳动法〉若干问题的意见》

38. 劳动合同期满或者当事人约定的劳动合同终止条件出现，劳动合同即行终止，用人单位可以不支付劳动者经济补偿金。国家另有规定的，可以从其规定。

4.《劳动合同法实施条例》

第十三条 用人单位与劳动者不得在劳动合同法第四十四条规定的劳动合同终止情形之外约定其他的劳动合同终止条件。

（三）劳动者连续签订两次固定期限劳动合同后，劳动者提出签订无固定期限劳动合同的，用人单位无权拒签

无固定期限劳动合同，是指用人单位与劳动者约定无确定终止时间的劳动合同。无固定期限合同的主要特点是既无终止期限，又无终止条件。根据《劳动合同法》之规定，连续订立二次固定期限劳动合同的，劳动者有权要求用人单位签订无固定期限劳动合同。在第二份劳动合同到期时，签订劳动合同的类型由劳动者决定，这点并无争议，争议较大的是第二份劳动合同到期时，用人单位有没有权利决定劳动合同到期后不续签。

【真实案例】

参见深圳市中级人民法院（2014）深中法劳终字第2948号民事判决书

1.案情概述

朱某2005年10月入职深圳市龙岗区坪地六联统某灯饰厂（以下简称统某灯饰厂），并已经与统某灯饰厂连续签订了三份固定期限的劳动合同，在第三份合同到期之前，2014年9月9日朱某通过邮政特快专递的方式，向统某灯饰厂的人事部发出了一份信函，要求维持原合同条件与统某灯饰厂签订无固定期限的劳动合同。统某灯饰厂确认收到该函件，但主张在收到朱某该函件之前，已通知其合同期限届满后不再续签合同。

本案经过两审，争议焦点在于统某灯饰厂单方面终止其与朱某之间的

劳动合同是否违法。朱某认为,根据《劳动合同法》的规定,连续订立二次固定期限劳动合同,只要劳动者提出,就应当订立无固定期限劳动合同,据此统某灯饰厂解除劳动合同的行为属于违法解除。统某灯饰厂认为,朱某第二份固定期限的劳动合同期满后没有提出订立无固定期限劳动合同的要求,便视为放弃此项权利,故统某灯饰厂不续订劳动合同的行为不属于违法解除。

2. 裁判结果

深圳市中级人民法院经审理,支持了朱某关于统某灯饰厂违法解除劳动合同的赔偿金的诉求。因双方对朱某的入职年限及离职前12个月的平均工资均无异议,故该项赔偿金为71,028元,扣除统某灯饰厂已付的27,372.38元,其还应向朱某支付43,655.62元。

3. 裁判理由

法院认为,在与用人单位连续两次订立固定期限劳动合同后,劳动者可以要求与用人单位签订无固定期限的劳动合同,此是劳动者的法定权利;在法律无明文规定的情况下,应允许劳动者以适当的方式行使该权利。但认定劳动者放弃该权利,应以存在劳动者的明示行为作为前提,不能以劳动者的某种行为而推定其默示放弃该权利。本案中,朱某与统某灯饰厂之间曾连续二次订立固定期限的劳动合同,在第二次固定期限劳动合同期限届满后,朱某未要求与统某灯饰厂签订无固定期限劳动合同,而是又续签了一份固定期限的劳动合同。此应视为朱某将其要求与统某灯饰厂签订无固定期限劳动合同的权利延后行使,而不应认定为朱某以默示方式放弃该权利。

如上分析可见,在双方之间第三份固定期限劳动合同履行期限届满前,朱某要求维持原有条件与统某灯饰厂签订无固定期限劳动合同,此为其法定权利的正当行使,应予允许。统某灯饰厂在无证据证明存在《劳动合同法》第14条规定的例外情形的情况下,终止与朱某的劳动合同关系,根据《劳动合同法》第87条的规定,应向朱某支付相应的赔偿金。

【律师点评】

劳动者已经与用人单位连续订立二次固定期限的劳动合同后,用人单位有没有权利选择合同到期终止不续签,此问题在各地司法实践中存在不同的理解。就广东省而言,如果符合签订无固定期限劳动合同条件,一经劳动者提出，则用人单位既无权选择签订固定期限的劳动合同，也无权选择不续签，一旦不续签就会被认定为违法解除劳动合同，并承担赔偿金。

实务中，劳资双方对无固定期限劳动合同存在很多误解，劳动者将其理解为"铁饭碗"，而用人单位将其理解为"终身包袱"。其实用人单位大可不必过于担心，除了经济裁员时要优先留用签订无固定期限劳动合同的老员工外，在其他解除和终止劳动合同的法定条件方面，无固定期限劳动合同与固定期限劳动合同并无区别，比如，劳动者违反了《劳动合同法》第 39 条的规定，用人单位依然可以解除与劳动者的无固定期限劳动合同。

【HR 实务】

实务中，企业应正确地理解关于"无固定期限劳动合同"的法律法规，在劳动合同管理中应注意以下几点：

(1)根据《劳动合同法》之规定，员工连续二次签订固定期限劳动合同和连续工作满十年，都满足签订无固定期限劳动合同的条件。企业如想将签约时间延后，可考虑将前两份固定期限劳动合同签为三年和七年。

(2)在劳资双方都同意续签的情况下，签订无固定期限劳动合同要及时，否则企业将可能从应当签订无固定期限劳动合同之日起，承担支付二倍工资的法律责任。

(3)员工满足签订无固定期限劳动合同的条件后，明确提出签订无固定期限劳动合同的，企业不可不续签，否则就构成违法解除劳动合同。

【法律链接】

1.《劳动合同法》

第十二条 劳动合同分为固定期限劳动合同、无固定期限劳动合同和以完成一定工作任务为期限的劳动合同。

第十四条 无固定期限劳动合同，是指用人单位与劳动者约定无确定终止时间的劳动合同。

用人单位与劳动者协商一致，可以订立无固定期限劳动合同。有下列情形之一，劳动者提出或者同意续订、订立劳动合同的，除劳动者提出订立固定期限劳动合同外，应当订立无固定期限劳动合同：

(一)劳动者在该用人单位连续工作满十年的；

(二)用人单位初次实行劳动合同制度或者国有企业改制重新订立劳动合同时,劳动者在该用人单位连续工作满十年且距法定退休年龄不足十年的;

(三)连续订立二次固定期限劳动合同,且劳动者没有本法第三十九条和第四十条第一项、第二项规定的情形,续订劳动合同的。

用人单位自用工之日起满一年不与劳动者订立书面劳动合同的,视为用人单位与劳动者已订立无固定期限劳动合同。

第八十二条 用人单位自用工之日起超过一个月不满一年未与劳动者订立书面劳动合同的,应当向劳动者每月支付二倍的工资。

用人单位违反本法规定不与劳动者订立无固定期限劳动合同的,自应当订立无固定期限劳动合同之日起向劳动者每月支付二倍的工资。

2.《劳动合同法实施条例》

第七条 用人单位自用工之日起满一年未与劳动者订立书面劳动合同的,自用工之日起满一个月的次日至满一年的前一日应当依照劳动合同法第八十二条的规定向劳动者每月支付两倍的工资,并视为自用工之日起满一年的当日已经与劳动者订立无固定期限劳动合同,应当立即与劳动者补订书面劳动合同。

第十一条 除劳动者与用人单位协商一致的情形外,劳动者依照劳动合同法第十四条第二款的规定,提出订立无固定期限劳动合同的,用人单位应当与其订立无固定期限劳动合同。对劳动合同的内容,双方应当按照合法、公平、平等自愿、协商一致、诚实信用的原则协商确定;对协商不一致的内容,依照劳动合同法第十八条的规定执行。

3. 北京市高级人民法院、北京市劳动争议仲裁委员会《关于劳动争议案件法律适用问题研讨会会议纪要(二)》

33. 用人单位与劳动者约定劳动合同到期续延,此后劳动者以连续订立两次固定期限劳动合同为由,提出或者同意续订、订立无固定期限劳动合同,如何处理?

用人单位与劳动者约定劳动合同到期续延,且实际续延劳动合同的,合同约定了续延期限的,续延期限届满时,劳动者以连续订立两次固定期限劳动合同为由,提出或者同意续订、订立无固定期限劳动合同,用人单位应当与劳动者订立无固定期限劳动合同。用人单位不与劳动者订立无固定期限劳动合同的，可以依劳动者的主张确认存在无固定期限劳动合同关系。

4. 深圳市中级人民法院《关于审理劳动争议案件的裁判指引》

七十七、在固定期限劳动合同履行过程中，符合签订无固定期限劳动合同条件的劳动者要求在固定期限劳动合同期满后与用人单位续签无固定期限劳动合同的，应在固定期限劳动合同期满终止前提出。

（四）劳动者因达到法定退休年龄后终止劳动合同，用人单位无须支付经济补偿金

在公司用工实务中，经常存在公司招用已经达到法定退休年龄的员工，或员工达到法定退休年龄后继续留在公司任职工作的情形。劳动者享受养老保险待遇或者达到法定退休年龄的，劳动合同终止，这点并无争议。但是劳动者达到法定退休年龄却因种种原因未能享受养老保险待遇，此时如果用人单位终止劳动合同，是否需要支付经济补偿金呢？这在实务中存在不同的理解。

【真实案例】

参见深圳市龙岗区人民法院（2015）深龙法民一初字第647号民事判决书

1. 案情概述

韩某于2012年5月入职信某鞋业（深圳）有限公司（以下简称信某公司），信某公司没有为其购买养老保险。韩某于2015年1月9日年满50周岁，达到法定退休年龄。2015年1月起，信某公司经营困难，自2015年1月起拖欠韩某工资，韩某最后工作至2015年3月。

韩某诉至法院，请求信某公司支付韩某劳动合同终止后的经济补偿金6900元。

信某公司辩称，韩某于2015年1月9日年满50周岁，双方劳动关系终止，并无法律规定公司需向其支付经济补偿金，故不应支持韩某关于劳动合同终止的补偿金。

2. 裁判结果

深圳市龙岗区人民法院经审理后驳回韩某关于劳动合同终止的补偿金的诉求。

3. 裁判理由

韩某2015年1月9日年满50周岁,达到法定退休年龄。根据《劳动合同法实施条例》第21条的规定,双方劳动合同终止。虽然信某公司在韩某2012年5月入职之初没有为其购买养老保险,但因《劳动合同法》第46条并未规定劳动者达到法定退休年龄终止劳动合同的,用人单位需支付经济补偿金,故韩某要求信某公司支付经济补偿金无法律依据,法院不予支持。

【律师点评】

在《劳动合同法实施条例》实施前,广东省的司法实践中认定劳动合同是否终止会区分不同情况:如员工依法享受养老保险待遇,则依据《劳动合同法》第44条的规定,劳动合同终止;如员工虽达到法定退休年龄,但未依法享受养老保险待遇,仍然应认定劳动关系存续,双方权利义务仍受劳动法律法规所调整。2008年9月18日实施的《劳动合同法实施条例》第21条就此问题进行了明确规定,劳动者达到法定退休年龄的,劳动合同终止。但关于劳动合同终止后是否需要支付经济补偿金的问题,实践中仍有不同理解。

笔者认为,经济补偿金是法定补偿项目,我国《劳动合同法》《劳动合同法实施条例》和地方劳动相关条例均未规定因劳动者享受养老保险待遇或者达到法定退休年龄而导致劳动合同终止的,用人单位应支付经济补偿金。因此,在劳资双方合同无特别约定的情况下,法院不会支持经济补偿金。

【HR实务】

公司招用已经达到法定退休年龄的员工,或员工达到法定退休年龄后继续留在公司任职工作的,立法已经明确劳动合同终止,劳资双方此时建立的是劳务关系(也称雇佣关系),而非劳动关系,双方的权利义务主要受《民法典》等法律所调整,不受《劳动合同法》等劳动法律法规调整,关于解除或终止劳动关系的经济补偿金、加班工资、带薪年休假等特别的劳动法权利也就不适用于该员工。HR在实务中可与达到法定退休年龄的员工签订《劳务合同》以对双方的权利义务予以明确。以下几点在实务操作中可供参考：

（1）劳动合同因员工达到法定退休年龄终止的，公司无须支付经济补偿金。

（2）在《劳务合同》中，可就加班工资计算、解约条件、年休假等作特别约定，低于劳动法律法规的标准亦可。

（3）因员工退休后已无法购买医疗、工伤等社会保险，公司可为员工购买商业保险，以在员工因工受伤时减轻公司的赔付成本。

【法律链接】

1.《劳动合同法》

第四十四条 有下列情形之一的，劳动合同终止：

（一）劳动合同期满的；

（二）劳动者开始依法享受基本养老保险待遇的；

（三）劳动者死亡，或者被人民法院宣告死亡或者宣告失踪的；

（四）用人单位被依法宣告破产的；

（五）用人单位被吊销营业执照、责令关闭、撤销或者用人单位决定提前解散的；

（六）法律、行政法规规定的其他情形。

2.《劳动合同法实施条例》

第二十一条 劳动者达到法定退休年龄的，劳动合同终止。

四、劳动合同解除

（一）劳动者依法提前通知用人单位即可解除劳动合同，无须用人单位批准

《劳动合同法》第37条规定，劳动者提前30日以书面形式通知用人单位，可以解除劳动合同。劳动者在试用期内提前3日通知用人单位，可以解除劳动合同。由此可知，法律赋予了劳动者单方解除劳动合同的权利，无须用人单位批准。有些用人单位在《劳动合同》或公司其他章程中制定与此相冲突的规定，或者找各种原因证明劳动者离职将造成的经济损失，试图"束缚"劳动者的此项权利，但都以失败告终。

【真实案例】

参见深圳市中级人民法院(2014)深中法劳终字第4942号民事判决书

1. 案情概述

李某于2012年4月入职中国南某航空（集团）深圳公司（以下简称南某公司），岗位是飞行员。李某于2013年3月8日向南某公司发出《解除劳动关系通知书》，以个人原因正式提出解除劳动关系。南某公司给李某复函，以"公司飞行人员紧缺，目前无合适的人员接替你的a320机型的驾驶工作"为由，不同意李某的辞职申请。

李某遂诉至法院，本案经过两审，争议焦点之一是李某是否有权单方解除劳动合同。李某认为，根据《劳动合同法》的规定，劳动者提前一个月告知用人单位即可解除劳动合同，无须单位同意。南某公司辩称，由于公司飞行人员紧缺，李某的离职将会对南某公司造成经济损失。

2. 裁判结果

深圳市中级人民法院经审理，支持李某的诉讼请求，判决确认双方的劳动合同自李某发出《解除劳动关系通知书》满一个月的次日即2013年4月8日起解除。

3. 裁判理由

《劳动合同法》第37条赋予了劳动者单方解除劳动合同的权利。本案中李某依法行使该权利，提前一个月书面要求解除劳动合同的行为符合法律规定，并无不当，南某公司以“公司飞行人员紧缺”为由不同意其辞职的理由不成立。

【律师点评】

由于劳资双方地位和经济实力的不平衡，劳动者通常处于弱势地位。因此，劳动法给予劳动者倾斜性保护，以求平衡双方的利益关系。《劳动合同法》第37条赋予劳动者的单方解除权即是如此。

通过此条规定可以看出，劳动者单方解除劳动合同主要在两种情形下行使：

（1）劳动者若在合同期内解除双方已经生效的劳动合同，需要按法定的时间履行单方书面告知的程序，无须任何理由也无须支付任何赔偿。

（2）劳动者若在试用期内辞职，则只需提前3天通知用人单位，法律未明确规定此种通知必须是书面形式，因此对口头通知也予以认可。

【HR实务】

用人单位要明确劳动者的此项法定权利，如果发生此种情形，劳动者解除劳动合同后，用人单位必须按《劳动合同法》第50条的规定出具解除或者终止劳动合同的证明，并在15日内为劳动者办理档案和社会保险关系转移手续，否则用人单位将可能承担《劳动合同法》第84条规定的法律责任。

【法律链接】

1.《劳动合同法》

第三十七条 劳动者提前三十日以书面形式通知用人单位，可以解除劳动合同。劳动者在试用期内提前三日通知用人单位，可以解除劳动合同。

第五十条第一款 用人单位应当在解除或者终止劳动合同时出具解除或者终止劳动合同的证明,并在十五日内为劳动者办理档案和社会保险关系转移手续。

第八十四条 用人单位违反本法规定,扣押劳动者居民身份证等证件的,由劳动行政部门责令限期退还劳动者本人,并依照有关法律规定给予处罚。

用人单位违反本法规定,以担保或者其他名义向劳动者收取财物的,由劳动行政部门责令限期退还劳动者本人,并以每人五百元以上二千元以下的标准处以罚款;给劳动者造成损害的,应当承担赔偿责任。

劳动者依法解除或者终止劳动合同,用人单位扣押劳动者档案或者其他物品的,依照前款规定处罚。

2.《劳动合同法实施条例》

第十八条 有下列情形之一的,依照劳动合同法规定的条件、程序,劳动者可以与用人单位解除固定期限劳动合同、无固定期限劳动合同或者以完成一定工作任务为期限的劳动合同:

(一)劳动者与用人单位协商一致的;

(二)劳动者提前30日以书面形式通知用人单位的;

(三)劳动者在试用期内提前3日通知用人单位的;

(四)用人单位未按照劳动合同约定提供劳动保护或者劳动条件的;

(五)用人单位未及时足额支付劳动报酬的;

(六)用人单位未依法为劳动者缴纳社会保险费的;

(七)用人单位的规章制度违反法律、法规的规定,损害劳动者权益的;

(八)用人单位以欺诈、胁迫的手段或者乘人之危,使劳动者在违背真实意思的情况下订立或者变更劳动合同的;

(九)用人单位在劳动合同中免除自己的法定责任、排除劳动者权利的;

(十)用人单位违反法律、行政法规强制性规定的;

(十一)用人单位以暴力、威胁或者非法限制人身自由的手段强迫劳动者劳动的;

(十二)用人单位违章指挥、强令冒险作业危及劳动者人身安全的;

(十三)法律、行政法规规定劳动者可以解除劳动合同的其他情形。

3.深圳市中级人民法院《关于审理劳动争议案件的裁判指引》

七十四、劳动者提前三十日以书面形式通知用人单位,可以解除劳动合同，用人单位不得以特别约定排除或限制劳动者的解除权。但由于劳动者未提前三十日通知解除劳动合同而给用人单位造成损失的，劳动者应当承担赔偿责任。

（二）用人单位解除劳动合同不通知工会构成违法，需向劳动者支付赔偿金

劳动者严重违反企业规章制度的，用人单位依据《劳动合同法》第 39 条的规定有权解除劳动合同，且无须支付经济补偿金或者赔偿金。但实践中却有很多用人单位败诉的案例。这是因为用人单位解除劳动合同不仅解除理由要合法，解除程序也要合法，经常被用人单位忽视的程序就是"通知工会"。

【真实案例】

参见深圳市中级人民法院（2015）深中法劳终字第 4677 号民事判决书

1. 案情概述

段某于 2007 年 9 月 1 日入职深圳清某实验学校（以下简称清某学校），2015 年因赌博被行政拘留，学校依据《教师法》、深圳市教育局关于师德管理的有关规定、实验学校《教职员工行为纪律管理规定》、《劳动合同法》第 39 条第 2 项的规定，于 2015 年 2 月 1 日单方解除了双方劳动关系。

段某诉至法院，请求清某学校支付段某违法解除劳动合同的赔偿金 85，840元。

本案经过两审，争议焦点之一在于清某学校单方面解除劳动合同程序是否违法。段某认为，清某学校解除双方劳动关系未通知工会，属于违法解除；清某学校主张学校成立了工会，而且在双方解除劳动关系时，征求了工会的意见，并由工会副主席与段某进行了谈话，但在原审法院庭审时并未就此问题进行辩论，原审法院亦未要求清某学校就此补充提交证据。

2. 裁判结果

深圳市中级人民法院经审理后，支持段某关于清某学校违法解除劳动

合同的赔偿金诉求。段某离职前12个月平均应发工资为4867.67元,故清某学校应支付段某违法解除劳动关系的赔偿金73,015.05元。

3. 裁判理由

法院认为,根据最高人民法院《关于审理劳动争议案件适用法律若干问题的解释(四)》第12条[1]的规定:"建立了工会组织的用人单位解除劳动合同符合劳动合同法第三十九条、第四十条规定,但未按照劳动合同法第四十三条规定事先通知工会,劳动者以用人单位违法解除劳动合同为由请求用人单位支付赔偿金的,人民法院应予支持,但起诉前用人单位已经补正有关程序的除外。"

本案中,双方当事人均确认清某学校成立工会委员会,清某学校主张已通知工会,但未能提交其在段某起诉前通知工会的有关证据,而其在二审阶段提交的两份情况说明,系于法院二审期间制作,段某不予确认,故清某学校应承担举证不能的法律责任,其解除与段某劳动关系的程序违法。段某主张违法解除劳动关系赔偿金的理由成立,法院予以支持。

【律师点评】

本案充分体现了劳动法倾斜保护劳动者的特点。解除劳动合同是劳动管理中最严厉的惩罚,这意味着劳动者一段时间的失业,并可能带来一系列的社会问题,因此立法设置了通知工会等程序要求,以期通过工会监督来让用人单位谨慎行使劳动合同的解除权。

对用人单位而言,可谓细节决定成败,用人单位单方解除劳动合同不仅要符合《劳动合同法》第39条、第40条规定的实体条件,还应履行将理由告知工会,并征求工会意见的程序。这里需要说明的是:工会只是起监督作用,最终的解除决定权在用人单位。也就是说,即使工会不建议解除,只要用人单位符合法定解除条件,程序上又尽到了通知工会的义务,用人单位的解除行为就是合法的。

---

〔1〕 该解释已于2021年1月1日废止,对应内容参见最高人民法院《关于审理劳动争议案件适用法律问题的解释(一)》第47条。

【HR实务】

用人单位建立工会组织的，在解除劳动合同时应严格按照法律规定，将解除理由提前告知工会，研究工会意见后最终决定解除劳动合同的，还应当将处理结果书面通知工会。具体需要注意以下两点：

（1）可制作《解除劳动合同理由通知书》《解除劳动合同处理结果通知书》等文件交工会盖章签收。

（2）用人单位在解除劳动合同时没有通知工会的，如后续有劳动争议，用人单位一定要在劳动者一审起诉前补全相关手续，履行通知义务。

【法律链接】

1.《劳动合同法》

第三十九条 劳动者有下列情形之一的，用人单位可以解除劳动合同：

（一）在试用期间被证明不符合录用条件的；

（二）严重违反用人单位的规章制度的；

（三）严重失职，营私舞弊，给用人单位造成重大损害的；

（四）劳动者同时与其他用人单位建立劳动关系，对完成本单位的工作任务造成严重影响，或者经用人单位提出，拒不改正的；

（五）因本法第二十六条第一款第一项规定的情形致使劳动合同无效的；

（六）被依法追究刑事责任的。

第四十三条 用人单位单方解除劳动合同，应当事先将理由通知工会。用人单位违反法律、行政法规规定或者劳动合同约定的，工会有权要求用人单位纠正。用人单位应当研究工会的意见，并将处理结果书面通知工会。

2.《工会法》

第二十二条 企业、事业单位、社会组织处分职工，工会认为不适当的，有权提出意见。

用人单位单方面解除职工劳动合同时，应当事先将理由通知工会，工会认为用人单位违反法律、法规和有关合同，要求重新研究处理时，用人单位应当研究工会的意见，并将处理结果书面通知工会。

职工认为用人单位侵犯其劳动权益而申请劳动争议仲裁或者向人民法院提起诉讼的，工会应当给予支持和帮助。

3. 最高人民法院《关于审理劳动争议案件适用法律问题的解释(一)》

第四十七条 建立了工会组织的用人单位解除劳动合同符合劳动合同法第三十九条、第四十条规定,但未按照劳动合同法第四十三条规定事先通知工会,劳动者以用人单位违法解除劳动合同为由请求用人单位支付赔偿金的,人民法院应予支持,但起诉前用人单位已经补正有关程序的除外。

(三)劳动者两次不能胜任工作,用人单位有权解除劳动合同

《劳动合同法》第40条第2项规定,劳动者不能胜任工作,经过培训或者调整工作岗位,仍不能胜任工作的,用人单位提前30日以书面形式通知劳动者本人或者额外支付劳动者一个月工资后,可以解除劳动合同,须支付经济补偿金。相对用人单位可合法解除劳动合同的其他条件,"两次不能胜任解雇"系《劳动合同法》给用人单位主动解雇留下的"自留地"。遗憾的是,在实际操作中,用人单位往往由于不注意收集、保存证据等导致"举证不能"而败诉。

【真实案例】

参见深圳市中级人民法院(2015)深中法劳终字第2251号民事判决书

1. 案情概述

张某于2013年1月入职国某商业机器(中国)有限公司深圳分公司(以下简称国某公司)。2013年4月,张某多次未能完成项目,国某公司认为张某不能胜任工作岗位,故为张某提供了绩效改进计划的培训项目。2014年1月,在培训项目结束后,国某公司认为张某仍不能胜任工作,遂依据《劳动合同法》第40条第2项规定的"经过培训或者调整工作岗位,仍不能胜任工作的"条件,单方解除了与张某的劳动关系。

张某遂提起诉讼,要求继续履行劳动合同。本案经过两审,争议焦点在于国某公司单方解除劳动合同的行为是否违法。张某认为,国某公司解除劳动合同没有合理理由,是违法解除;国某公司辩称,由于张某不能胜任工

作,经国某公司为其提供了绩效改进计划的培训项目之后,张某仍不能胜任工作,国某公司与张某解除劳动合同的依据是《劳动合同法》第 40 条第 2 项,属于合法解除。

2. 裁判结果

深圳市中级人民法院经审理认为,国某公司属于违法解除劳动合同,判决恢复双方的劳动关系。

3. 裁判理由

法院认为,首先,国某公司提交的 2013 年绩效考核结果并未得到张某的确认,不足以证明张某不能胜任工作;其次,即使该考核结果属实,且国某公司对张某进行了培训,但国某公司并未提交确凿证据证明张某在培训之后仍然不能胜任工作。因国某公司提交的证据不足以证明其与张某解除劳动合同符合《劳动合同法》第 40 条第 2 项规定的条件,本案属于违法解除劳动合同。张某要求继续履行劳动合同,符合法律规定。

【律师点评】

根据《劳动合同法》第 40 条第 2 项,用人单位有权解除劳动合同的前提是:(1)劳动者不能胜任以前的工作岗位;(2)经过调岗或者培训仍然不能胜任现在的工作岗位。因此,劳动者要出现两次不能胜任的事实,而这一事实的举证责任在于用人单位。

何为"不能胜任"?这也是两次不能胜任解雇争议案件中用人单位和劳动者的核心争议之一。这里有两点需要明确,具体如下:

(1)胜任标准的制定。制定标准至少要符合以下条件:首先,标准是劳资双方的合意,即劳动者必须签字认可该标准;其次,标准必须具体明确,应当尽可能量化或者可行为化,从而增强"胜任标准"的可衡量性;最后,标准必须具有可行性,不能明显超出劳动者的能力范围。

(2)不能胜任的判断。用人单位应当对劳动者进行绩效考核,结合劳动者履行劳动合同的过程,用人单位有权依据"胜任标准"对劳动者进行绩效考核。另外,绩效考核应该持续一段合理的时间,增强考核结果的可信度。

【HR 实务】

由于用人单位负有举证责任,故如何在实务操作中收集和保存证据是

问题的关键。具体可从以下几点把握:

(1)制定员工手册或者绩效考核制度、岗位职责说明书等明确劳动者岗位胜任的标准,并将其具体化。

(2)注意保存劳动者每次的绩效考核结果等相关文件,相关文件需劳动者签收确认;注意保存证据证明有调岗或者培训的事实。

(3)用人单位应当在解除劳动合同前,将解约理由通知工会,听取工会意见。提前30日以书面形式通知劳动者本人或者额外支付劳动者一个月工资(代通知金),并送达解除决定。

【法律链接】

《劳动合同法》

第十七条 劳动合同应当具备以下条款:

(一)用人单位的名称、住所和法定代表人或者主要负责人;

(二)劳动者的姓名、住址和居民身份证或者其他有效身份证件号码;

(三)劳动合同期限;

(四)工作内容和工作地点;

(五)工作时间和休息休假;

(六)劳动报酬;

(七)社会保险;

(八)劳动保护、劳动条件和职业危害防护;

(九)法律、法规规定应当纳入劳动合同的其他事项。

劳动合同除前款规定的必备条款外,用人单位与劳动者可以约定试用期、培训、保守秘密、补充保险和福利待遇等其他事项。

第四十条 有下列情形之一的,用人单位提前三十日以书面形式通知劳动者本人或者额外支付劳动者一个月工资后,可以解除劳动合同:

(一)劳动者患病或者非因工负伤,在规定的医疗期满后不能从事原工作,也不能从事由用人单位另行安排的工作的;

(二)劳动者不能胜任工作,经过培训或者调整工作岗位,仍不能胜任工作的;

(三)劳动合同订立时所依据的客观情况发生重大变化,致使劳动合同无法履行,经用人单位与劳动者协商,未能就变更劳动合同内容达成协议的。

第四十六条 有下列情形之一的，用人单位应当向劳动者支付经济补偿：

（一）劳动者依照本法第三十八条规定解除劳动合同的；

（二）用人单位依照本法第三十六条规定向劳动者提出解除劳动合同并与劳动者协商一致解除劳动合同的；

（三）用人单位依照本法第四十条规定解除劳动合同的；

（四）用人单位依照本法第四十一条第一款规定解除劳动合同的；

（五）除用人单位维持或者提高劳动合同约定条件续订劳动合同，劳动者不同意续订的情形外，依照本法第四十四条第一项规定终止固定期限劳动合同的；

（六）依照本法第四十四条第四项、第五项规定终止劳动合同的；

（七）法律、行政法规规定的其他情形。

（四）用人单位没有依法缴纳社会保险费，经劳动者提前一个月通知后拒不改正的，劳动者有权解除劳动合同并获经济补偿金

《劳动法》第 72 条规定，用人单位和劳动者必须依法参加社会保险，缴纳社会保险费。实践中却存在大量少缴或不缴社会保险费的情况。如果用人单位不依法缴纳社会保险费，劳动者有权以此为由解除劳动合同。只是劳动者解除劳动合同后并不一定能获得经济补偿金。

【真实案例】

参见深圳市中级人民法院（2015）深中法劳终字第 2450 号民事判决书

1. 案情概述

杨某于 2009 年入职深圳珈某光伏照明股份有限公司（以下简称珈某公司），杨某的《社会保险参保证明》显示，在 2014 年 8 月之前，珈某公司一直是按照深圳市最低工资标准为其缴纳社会保险费。而根据杨某的银行清

单,其每月工资在3000~5000元,离职前12个月的平均应得工资为4159.1元。2014年8月5日,杨某要求珈某公司依法为其缴纳社会保险费,珈某公司在2014年9月按照4428元的基数为其缴纳了当月的社会保险费。

杨某诉至法院,以珈某公司未按照劳动合同提供劳动条件、未及时足额支付劳动报酬、未依法缴纳社会保险费为由提出自身是被迫解除劳动合同。请求珈某公司支付解除劳动合同的经济补偿金。

本案经过两审,争议焦点在于珈某公司是否应当支付解除劳动合同的经济补偿金。杨某认为,公司未能在一个月内补缴之前的社会保险费,属于未依法缴纳社会保险费,应该支付经济补偿金。珈某公司辩称,在杨某提出补缴要求后,公司即按合法基数缴纳了社会保险费,不应该支付经济补偿金。

2. 裁判结果

深圳市中级人民法院支持杨某的诉讼请求,判决珈某公司支付解除劳动合同的经济补偿20,795.5元。

3. 裁判理由

杨某以珈某公司未按照劳动合同提供劳动条件、未及时足额支付劳动报酬、未依法缴纳社会保险费为由提出其是被迫解除劳动合同。按照有关法律法规的规定,用人单位为劳动者缴纳社会保险费,应当以劳动者的工资总额为基数。而本案中,珈某公司在2014年8月之前仅以深圳市最低工资标准为基数为杨某缴纳社会保险费,低于法定标准,属于未依法缴纳社会保险费。杨某在2014年8月5日要求公司依法为其缴纳社会保险费,公司虽然在2014年9月以4428元为基数为杨某缴纳了当月的社会保险费,但并未对之前未足额缴纳部分予以补足。在此情形下,杨某于2014年9月16日提出解除劳动合同符合《深圳经济特区和谐劳动关系促进条例》第15条第2款的规定,公司依法应当支付解除劳动合同的经济补偿。

【律师点评】

《劳动合同法》第38条规定,用人单位未依法缴纳社会保险费的,劳动者有权解除劳动合同。但是“未依法缴纳”包括哪些情形?劳动者据此解除劳动合同前要不要提前通知单位补缴?《劳动合同法》并没有明确规定。

从社会保险的立法可知,用人单位应为劳动者缴纳“五险”,即养老保险、医疗保险、工伤保险、生育保险、失业保险,并明确了相关缴纳基数。由此推知,用人单位"未依法缴纳"既包括没有建立社会保险关系,也包括未按全险种缴纳,还包括未按法定基数足额缴纳的情形。

《深圳经济特区和谐劳动关系促进条例》第 15 条对"劳动者是否需要提前通知补缴"的问题进行了明确,用人单位未依法为劳动者缴纳社会保险费的,劳动者应当依法要求用人单位缴纳;用人单位未在一个月内按规定缴纳的,劳动者可以解除劳动合同,用人单位应当依法支付经济补偿。此条有三层含义:

首先,劳动者有通知用人单位依法缴纳的义务;

其次,用人单位有补缴的合理期限,即接到通知后一个月内;

最后,如果用人单位仍未依法缴纳,则劳动者可以解除劳动合同,用人单位需支付经济补偿金。

需要说明的是,如案例所示,用人单位没有依法为劳动者补缴之前的社会保险费的,依然构成违法。

第一,社会保险费补缴事宜不是用人单位决定的,需要社会保险行政机关参与,因此补缴本身就需要合理的办理时间;第二,在实际操作中,用人单位有一个社会保险账户系统,社会保险账户会固定在每个月某一天自动扣费(常见的是每月 25 日),假设员工在 30 日提出按法定基数缴纳,要等到次月 25 日扣费时才能获知用人单位是否已依法调整了基数。因此,依据《深圳经济特区和谐劳动关系促进条例》第 15 条的规定,用人单位有一个月的补缴期限,如果劳动者没有等到一个月就离职,则其经济补偿金不会得到支持。

【HR 实务】

依法缴纳社会保险费是用人单位的法定义务,关于缴纳险种、基数和比例法律规定比较明确。实务中应注意以下问题:

(1)实践中存在劳动者考虑费用问题不愿缴纳社会保险费,而要求用人单位将社会保险费折现到劳动者的工资里。但这种做法并不能免除用人单位依法缴纳社会保险费的义务,用人单位依然构成违法。

(2)实践中还存在劳动者向用人单位出具《放弃缴纳社会保险费声明》等文件,但是此种做法也不能免除用人单位缴纳社会保险费的义务。因为缴纳社会保险费是劳动者和用人单位双方的义务，并非用人单位单方的义务，以养老保险为例，用人单位应承担的社会保险费是缴到社会统筹账户，而非劳动者个人的社会保险账户的。因此，上述文件因违反法律的强制性规定而无效。

(3)如果出现用人单位未依法缴纳社会保险费的情形，劳动者又明确提出补缴的，用人单位一定要在一个月内办理完补缴手续，否则还将面临支付经济补偿金的法律后果。

【法律链接】

1.《劳动法》

第七十二条 社会保险基金按照保险类型确定资金来源，逐步实行社会统筹。用人单位和劳动者必须依法参加社会保险，缴纳社会保险费。

2.《劳动合同法》

第三十八条 用人单位有下列情形之一的，劳动者可以解除劳动合同：

（一）未按照劳动合同约定提供劳动保护或者劳动条件的；

（二）未及时足额支付劳动报酬的；

（三）未依法为劳动者缴纳社会保险费的；

（四）用人单位的规章制度违反法律、法规的规定，损害劳动者权益的；

（五）因本法第二十六条第一款规定的情形致使劳动合同无效的；

（六）法律、行政法规规定劳动者可以解除劳动合同的其他情形。

用人单位以暴力、威胁或者非法限制人身自由的手段强迫劳动者劳动的，或者用人单位违章指挥、强令冒险作业危及劳动者人身安全的，劳动者可以立即解除劳动合同，不需事先告知用人单位。

3.《深圳经济特区和谐劳动关系促进条例》

第十五条 用人单位和劳动者应当依法参加社会保险。

用人单位未依法为劳动者缴纳社会保险费的，劳动者应当依法要求用人单位缴纳；用人单位未在一个月内按规定缴纳的，劳动者可以解除劳动合同，用人单位应当依法支付经济补偿。

4.深圳市中级人民法院《关于审理劳动争议案件的裁判指引》

九十四、用人单位未依法为劳动者缴纳社会保险费的，劳动者应当依法要求用人单位缴纳，用人单位在劳动者要求之日起一个月内未按规定缴纳的,劳动者有权提出解除劳动合同,用人单位应支付经济补偿,但经济补偿的支付年限应从2008年1月1日起计算。

(五)劳动者离职原因不明,视为用人单位提出且双方协商一致解除劳动合同,用人单位需支付经济补偿金

司法实践中,劳资双方解除劳动合同的原因常常由于举证不能而无法确定。法院通常认为,如果劳动者与用人单位均无法证明劳动者的离职原因,可视为用人单位提出且经双方协商一致解除劳动合同,用人单位应向劳动者支付经济补偿金。

【真实案例】

参见深圳市中级人民法院(2016)粤03民终768号民事判决书

1. 案情概述

牟某于2014年3月5日入职深圳市添某皮具有限公司(以下简称添某公司),实行每月上班26天、每天加班不超过3小时的月薪制,试用期一个月,试用期月薪4200元,试用期满后月薪4500元。2015年6月2日,牟某离开添某公司。

后牟某诉至法院,诉讼请求之一即要求添某公司支付解除劳动合同的经济补偿金。本案经过两审,争议焦点之一在于牟某的离职原因及添某公司应否支付牟某解除劳动关系的经济补偿金。双方对离职原因各执一词,牟某认为,系添某公司单方面通知解除劳动关系;添某公司辩称,系牟某自动离职。

2. 裁判结果

深圳市中级人民法院认为,系用人单位提出且经协商一致解除劳动合同,用人单位应向劳动者支付经济补偿金7293.27元。

3. 裁判理由

劳资双方对离职原因各执一词:牟某主张,双方因牟某工资待遇问题未

能协商一致,添某公司于2015年6月2日口头通知其结算工资,不用再上班。添某公司则称其没有辞退牟某,系牟某自动离职。法院认为,牟某主张于2015年6月2日被添某公司辞退,应对该事实承担举证责任,其提供的《解除劳动关系意见书》系其自行制作,不足以证明其被添某公司口头辞退;添某公司主张系牟某自动离职,亦未提供充分的证据予以证明;劳动者与用人单位均无法证明劳动者离职原因,该情形应视为用人单位提出且经协商一致解除劳动合同,用人单位应向劳动者支付经济补偿金。

【律师点评】

在企业用工实践中多有"自动离职"的说法,这一名词甚至会规定在劳动合同或劳动规章制度的条款中。需要说明的是,劳动法律法规并未规定何为"自动离职",而劳动合同的解除必须有明确的意思表示行为。换言之,劳动合同的解除要么是劳资双方协商一致解除,要么是劳资一方根据法律规定行使单方解除权。在双方都没有明确的意思表示的情况下,劳动者在法律上无法"自动离职"。当发生"自动离职"或者"不辞而别"的情况时,如果用人单位没有作出书面解除决定,则在法律上劳资双方的劳动合同关系依然存续,只不过是劳动者缺勤旷工而已。

劳动法律法规对劳动者倾斜保护,目的是维护双方之间利益的平衡,这种倾斜保护体现在离职原因的举证责任上,就是在"自动离职"发生时,让用人单位承担更多的举证责任。当员工"自动离职"或者"不辞而别"时,如果劳资双方就离职状态没有争议,而就离职原因各执一词,则法院根据公平原则,会认定用人单位提出,且经双方协商一致解除劳动合同,用人单位同时需向劳动者支付经济补偿金。

【HR实务】

HR在劳动管理中应正确理解"自动离职"的法律意义,在行使劳动合同解除权时,以下几点具体建议可供参考:

(1)在劳动合同或者规章制度中的劳动纪律条款中,应避免使用"自动离职"这一名词,例如,员工出现严重违反规章制度或者其他解除劳动合同的法定情形时,用人单位应积极处理,书面解除劳动合同,切不可让其"自动离职",以避免被认定协商一致解除劳动合同并支付经济补偿金的法律风险。

(2)当劳动者“不辞而别”时,用人单位需按相关考勤制度记旷工,并通知其返岗上班。劳动者旷工如超出一定天数,用人单位也不可放任其“自动离职”,而是要以劳动者严重违反劳动纪律或者严重违反劳动规章制度为由,书面解除劳动合同。

【法律链接】

1.《劳动合同法》

第三十九条 劳动者有下列情形之一的,用人单位可以解除劳动合同:

(一)在试用期间被证明不符合录用条件的;

(二)严重违反用人单位的规章制度的;

(三)严重失职,营私舞弊,给用人单位造成重大损害的;

(四)劳动者同时与其他用人单位建立劳动关系,对完成本单位的工作任务造成严重影响,或者经用人单位提出,拒不改正的;

(五)因本法第二十六条第一款第一项规定的情形致使劳动合同无效的;

(六)被依法追究刑事责任的。

2.四川省高级人民法院民一庭《关于审理劳动争议案件若干疑难问题的解答》

26. 劳动者以其他理由辞职后,又以用人单位存在《劳动合同法》第三十八条所列情形迫使其辞职为由,要求用人单位支付经济补偿金或赔偿金的,一般不予支持。

劳动者与用人单位均无法证明劳动者的离职原因,可视为用人单位提出且经双方协商一致解除劳动合同,用人单位应依照《劳动合同法》第四十七条之规定向劳动者支付经济补偿。

(六)劳动者严重违反规章制度,用人单位有权解除劳动合同,但要符合法定程序

《劳动合同法》第39条第2项规定,劳动者严重违反用人单位的规章制度的,用人单位可以解除劳动合同。《劳动合同法》在倾斜保护劳动者的同

时，也注意平衡劳资双方的权益，因此赋予用人单位对劳动合同的单方解除权，以保障用人单位的用工自主权。在适用该法条时，需注意用人单位负有证明劳动者有严重违反用人单位规章制度的行为的举证责任，并需证明程序合法。

【真实案例】

参见深圳市中级人民法院（2015）深中法劳终字第3199－3207号民事判决书

1. 案情概述

刘某等九人于2014年9月入职东某利安五金（深圳）有限公司（以下简称东某公司）。2015年1月，刘某等九人在宿舍聚众赌博，东某公司认为刘某等九人违反了厂规第10条关于宿舍禁止聚众赌博的规定，将刘某等九人开除。

刘某等九人遂提起诉讼，要求东某公司支付违法解除劳动合同的赔偿金。

本案经过两审，争议焦点在于东某公司依据公司规章制度单方面解除劳动合同是否违法。刘某认可东某公司的规章制度的真实性，但主张上述制度未向员工公示或告知，对公示照片的真实性不予认可，且主张东某公司的解除决定未告知工会，程序存在不合法之处。东某公司辩称，该规章制度已经向员工公示并且提供了工会出具的《说明》，以此证明规章制度制定程序合法并已公示且解除决定已通知工会并得到工会认可。

2. 裁判结果

深圳市中级人民法院经审理，驳回刘某等人的诉讼请求，判决东某公司无须向刘某等九人支付解除合同赔偿金。

3. 裁判理由

法院认为，双方当事人对公司相关规章制度是否经过公示或告知刘某等九人各执一词，《说明》系工会基层委员会作出，加盖工会基层委员会公章，而工会是职工自愿结合的工人阶级的群众组织，维护职工合法权益是工会的基本职责，故工会组织作出的相关《说明》具有客观性，在刘某等人不能举证证明该《说明》存在与事实不符的情形时，法院认可工会组织《说明》的真实性及证明效力。

《说明》中陈述如下内容："××厂规及宿舍管理规定在制定过程中邀请了本工会共同参与讨论，并通过各部门讨论、修改提出意见后确定。规章制度制定后，用人单位在厂区进行了张贴公示并要求各部门传达学习，务必按章执行。新员工入职均就厂规及宿舍管理规定进行培训和接受承诺……鉴于此事件的恶劣性及造成的影响，公司根据厂规第十条及宿舍管理规定第十二条欲作出解除劳动合同处理，公司在正式决定前，征求了我会意见，我会认为此事件性质确实恶劣，负面影响大，并且严重影响劳动关系及生产经营活动，并鉴于厂规及宿舍管理规定明确，确认同意公司解除涉事员工劳动关系"。而公示照片虽然系东某公司补充提交，但其内容与工会组织的《说明》相互印证，能够证明东某公司已经公示了规章制度。刘某等九人在公司宿舍内聚众赌博，被处以行政处罚，其行为严重违反了公司的规章制度，东某公司对刘某等九人作出解除劳动合同的处理决定符合法律规定，且其在作出处理决定前已经通知工会并获得了工会的认可，程序亦合法正当，故东某公司无须向刘某等九人支付解除合同赔偿金。

【律师点评】

企业内部规章制度可以称为"企业内部法"，是国家劳动法律、法规的延伸和具体化，是企业内部管理行为的重要依据，是职工行为的准则。要证明劳动者违反了规章制度，得确保规章制度实体上具有合法合理性，程序上经过公示公告。《劳动合同法》第80条规定，用人单位直接涉及劳动者切身利益的规章制度违反法律、法规的规定，由劳动行政部门责令改正，给予警告；给劳动者造成损害的，应当承担赔偿责任。故用人单位的规章制度不能违反法律、法规的规定，损害劳动者权益。规章制度必须符合以下三个要件：第一，企业内部规章制度要符合国家法律、行政法规及政策规定；第二，企业内部规章制度要通过民主程序制定；第三，企业内部规章制度已向劳动者公示。

【HR实务】

用人单位为了维护自己的合法权益，确保在劳动者发生严重违反规章制度时与其解除劳动合同的行为能得到法律支持，要注意以下几点：

（1）确保规章制度内容具备合法性，程序上经过民主程序制定并且已经向劳动者公示。

(2)注意保存劳动者违反规章制度事实的证据。

(3)将解除劳动合同的决定和理由事先通知工会,研究工会的意见,并将处理结果书面通知工会。

【法律链接】

1.《劳动合同法》

第三十九条 劳动者有下列情形之一的,用人单位可以解除劳动合同:

(一)在试用期间被证明不符合录用条件的;

(二)严重违反用人单位的规章制度的;

(三)严重失职,营私舞弊,给用人单位造成重大损害的;

(四)劳动者同时与其他用人单位建立劳动关系,对完成本单位的工作任务造成严重影响,或者经用人单位提出,拒不改正的;

(五)因本法第二十六条第一款第一项规定的情形致使劳动合同无效的;

(六)被依法追究刑事责任的。

第四十三条 用人单位单方解除劳动合同,应当事先将理由通知工会。用人单位违反法律、行政法规规定或者劳动合同约定的,工会有权要求用人单位纠正。用人单位应当研究工会的意见,并将处理结果书面通知工会。

2.《劳动合同法实施条例》

第十九条 有下列情形之一的,依照劳动合同法规定的条件、程序,用人单位可以与劳动者解除固定期限劳动合同、无固定期限劳动合同或者以完成一定工作任务为期限的劳动合同:

(一)用人单位与劳动者协商一致的;

(二)劳动者在试用期间被证明不符合录用条件的;

(三)劳动者严重违反用人单位的规章制度的;

(四)劳动者严重失职,营私舞弊,给用人单位造成重大损害的;

(五)劳动者同时与其他用人单位建立劳动关系,对完成本单位的工作任务造成严重影响,或者经用人单位提出,拒不改正的;

(六)劳动者以欺诈、胁迫的手段或者乘人之危,使用人单位在违背真实意思的情况下订立或者变更劳动合同的;

（七）劳动者被依法追究刑事责任的；

（八）劳动者患病或者非因工负伤，在规定的医疗期满后不能从事原工作，也不能从事由用人单位另行安排的工作的；

（九）劳动者不能胜任工作，经过培训或者调整工作岗位，仍不能胜任工作的；

（十）劳动合同订立时所依据的客观情况发生重大变化，致使劳动合同无法履行，经用人单位与劳动者协商，未能就变更劳动合同内容达成协议的；

（十一）用人单位依照企业破产法规定进行重整的；

（十二）用人单位生产经营发生严重困难的；

（十三）企业转产、重大技术革新或者经营方式调整，经变更劳动合同后，仍需裁减人员的；

（十四）其他因劳动合同订立时所依据的客观经济情况发生重大变化，致使劳动合同无法履行的。

3. 深圳市中级人民法院《关于审理劳动争议案件的裁判指引》

二十六、当事人因劳动合同的订立与解除发生争议的，举证责任如下分配：

(1)当事人主张订立无固定期限劳动合同的，应就订立无固定期限劳动合同条件成立举证；

(2)当事人主张存在解除劳动合同或存在解除事实劳动关系事实的，应就此主张举证；

(3)用人单位解除劳动关系的，应就其解除原因举证；

(4)用人单位主张劳动者严重违反劳动纪律或企业规章制度的，应就劳动者存在严重违反劳动纪律或企业规章制度的事实以及企业规章制度经过民主程序制定并已向劳动者公示的事实举证。

（七）用人单位搬离用工城市，劳动者不愿随迁的，用人单位需向劳动者支付经济补偿金

在司法实践中，常发生用人单位因为生产经营的需要而搬离用工城市，

在劳动者不愿意随迁的情况下,用人单位单方解除劳动合同的情形。这种情形可以认定为双方订立劳动合同时所依据的客观情况发生重大变化致使劳动合同无法继续履行的情形。根据《劳动合同法》第40条规定,劳动合同订立时所依据的客观情况发生重大变化,致使劳动合同无法履行,经用人单位与劳动者协商,未能就变更劳动合同内容达成协议的,用人单位提前30日以书面形式通知劳动者本人或者额外支付劳动者一个月工资后,可以解除劳动合同。

【真实案例】

参见深圳市中级人民法院(2013)深中法劳终字第1833、1834号民事判决书

1. 案情概述

温某、郭某于2010年2月入职邦某电子(深圳)有限公司(以下简称邦某公司)。2012年邦某公司因配合政府的产业转移政策搬迁至广东省新兴县设立新厂。因温某、郭某不愿意到新厂工作,故邦某公司在支付温某、郭某解除劳动合同经济补偿金及代通知金后,解除了双方的劳动合同。

温某、郭某遂诉至法院,要求邦某公司支付违法解除劳动合同的赔偿金。本案经过两审,争议焦点在于邦某公司单方面解除劳动合同是否违法。温某、郭某认为,邦某公司未与其协商岗位和劳动关系存续问题,故属于违法解除,邦某公司辩称,在两人不愿意随迁至新厂的情况下已经与两人协商,因协商不能达成一致,故单方面解除了劳动合同,属于合法解除,并且已经支付了经济补偿金及代通知金。

2. 裁判结果

深圳市中级人民法院经审理认为,邦某公司解除劳动合同合法,无须支付赔偿金。

3. 裁判理由

本案双方当事人确认公司的主要生产部门已经搬迁到广东省新兴县并设立新厂,邦某公司作为用人单位可以根据生产经营发生重大变化的情况调整员工岗位和处理劳动关系的存续问题,劳动者主张邦某公司未与其协商岗位和劳动关系存续问题,但同时主张邦某公司在深圳还在继续经营,其可以留在深圳工作,故可以认定温某、郭某不愿意到新厂工作。温某在原审

庭审时称"郭某与公司发生了争执,因与郭某是夫妻关系,故被无故解除了劳动关系",因邦某公司是同时解除与两人的劳动关系,故温某所称"争执"应是发生在解除劳动合同前的协商阶段。综合以上情况,法院采信邦某公司的主张,认定邦某公司响应政府的制造业转移政策逐步搬迁,属双方订立劳动合同时所依据的客观情况发生重大变化致使劳动合同无法继续履行的情形,本案双方当事人未能就变更劳动合同内容达成协议。邦某公司依法足额支付了两人解除劳动合同经济补偿金及代通知金,属于合法解除劳动合同,无须支付违法解除劳动合同赔偿金。

【律师点评】

用人单位搬迁的事实,在法律性质上应定性为客观情况发生变化,使双方需重新协商变更劳动合同。用人单位的搬迁可以分为近距离搬迁和远距离搬迁。

深圳市中级人民法院《关于审理劳动争议案件若干问题的指导意见(试行)》规定,用人单位在深圳市行政区域内搬迁,劳动者因此提出解除劳动合同并要求用人单位支付经济补偿金的没有法律依据,不予支持。企业在同一区域内近距离搬迁,属于一般性的变更,工作内容和劳动报酬一般不会发生变化,不会对劳动者履行劳动合同内容造成重大的实质性影响,也不会对劳动者的生活造成不利影响;工作地点合理的变化应当是被允许的,双方应继续履行劳动合同,劳动者有义务跟随企业搬迁,并到新的办公地址继续工作,此时劳动者要求经济补偿无法律依据。

企业跨区域远距离搬迁,即使工作内容和劳动报酬没有变化,也属于工作地点的重大变更,应视为企业搬迁导致原劳动合同不能继续履行,即订立劳动合同时的客观情况发生重大变化,如果经协商劳动者不愿去新工作地点上班,用人单位可以适用《劳动合同法》第40条的规定单方解除劳动合同。

但需要注意的是,用人单位需尽到将搬迁计划通知劳动者以及同劳动者沟通协商的责任,否则将承担违法解除劳动合同的风险。

【HR实务】

劳动者不愿意随迁的,用人单位一定要做好相应的取证工作,在支付劳动者经济补偿金后与劳动者解除劳动合同。具体可从以下几点把握：

(1)用人单位需将搬迁通知提前公示,告知劳动者,并与劳动者积极沟通协商变更劳动合同事宜,并注意保存告知与协商的证据。

(2)如果劳动者明确表示不愿意变更劳动合同,用人单位应提前30日以书面形式通知劳动者本人或者额外支付劳动者一个月工资后解除双方的劳动合同。

【法律链接】

1.《劳动合同法》

第四十条 有下列情形之一的,用人单位提前三十日以书面形式通知劳动者本人或者额外支付劳动者一个月工资后,可以解除劳动合同:

(一)劳动者患病或者非因工负伤,在规定的医疗期满后不能从事原工作,也不能从事由用人单位另行安排的工作的;

(二)劳动者不能胜任工作,经过培训或者调整工作岗位,仍不能胜任工作的;

(三)劳动合同订立时所依据的客观情况发生重大变化,致使劳动合同无法履行,经用人单位与劳动者协商,未能就变更劳动合同内容达成协议的。

第四十六条 有下列情形之一的,用人单位应当向劳动者支付经济补偿:

(一)劳动者依照本法第三十八条规定解除劳动合同的;

(二)用人单位依照本法第三十六条规定向劳动者提出解除劳动合同并与劳动者协商一致解除劳动合同的;

(三)用人单位依照本法第四十条规定解除劳动合同的;

(四)用人单位依照本法第四十一条第一款规定解除劳动合同的;

(五)除用人单位维持或者提高劳动合同约定条件续订劳动合同,劳动者不同意续订的情形外,依照本法第四十四条第一项规定终止固定期限劳动合同的;

(六)依照本法第四十四条第四项、第五项规定终止劳动合同的;

(七)法律、行政法规规定的其他情形。

2. 深圳市中级人民法院《关于审理劳动争议案件若干问题的指导意见（试行）》

85. 用人单位在深圳市行政区域内搬迁，劳动者因此提出解除劳动合同并要求用人单位支付经济补偿金没有法律依据，不予支持。

用人单位由深圳市行政区域内向深圳市行政区域外搬迁，可以依据《劳动合同法》第四十条第一款第（三）项的规定，对劳动者要求支付经济补偿金的请求，予以支持。

五、经济补偿金、赔偿金

（一）经济补偿金、赔偿金的计算基数是扣除社会保险费、住房公积金、个人所得税之前的应得工资

当出现劳动合同的终止或解除时，在很多情形下用人单位需要向劳动者支付经济补偿金或赔偿金。实务中对于经济补偿金、赔偿金的计算基数为劳动者离职前12个月的月平均工资少有争议，争议较多的是“月平均工资”的具体范围是基本工资、税后工资还是税前工资。

【真实案例】

参见深圳市中级人民法院（2013）深中法劳终字第5658号民事判决书

1. 案情概述

廖某2006年11月17日入职美某电子（深圳）有限公司（以下简称美某公司），工作岗位是工模部主管。美某公司称2013年根据市场需求作出调整，要求工模部按照公司规划搬迁至珠海生产厂，并分别在2013年4月、5月、7月三次与廖某协商变更劳动合同（到珠海生产厂工作或留在平湖生产厂降级为普通技工，抑或自行辞职由公司支付经济补偿金），被廖某拒绝后，美某公司以“公司经营策略、产业结构必须做重大调整，其工模部工作量明显减少，下属部门工作人员必须做相应精简”为由，于2013年7月18日向廖某发出《终止劳动合同通知书》。

廖某诉至法院，要求美某公司支付违法解除劳动合同的赔偿金98,000元（平均工资7000元/月×7月×2倍）。本案经过两审，双方的争议焦点之一是赔偿金的计算基数是否应该包括社会保险费、住房补贴及个人所得税。廖某认为，按照法律规定，月平均工资为应得工资，是扣除社会保险费、住房

补贴、个人所得税之前的应发工资；美某公司辩称，月平均工资应为实发工资5925元，不应包括社会保险费、住房补贴及个人所得税。

2. 裁判结果

深圳市中级人民法院认为，赔偿金的计算基数即离职前12个月平均工资为应得工资，包括扣除的社会保险费、住房补贴及个人所得税，因此支持了廖某的诉讼请求，判决美某公司支付廖某赔偿金98,000元。

3. 裁判理由

法院经审理认为，员工的月平均工资应为应发工资，员工工资中扣除的社会保险费及个人所得税均系根据有关法律规定用人单位从员工工资中代扣代缴的有关款项，扣除的部分属于员工的工资。至于住房补贴，亦属于月平均工资的组成部分。

【律师点评】

《劳动合同法》第87条规定，用人单位违反该法规定解除或者终止劳动合同的，应当依照该法第47条规定的经济补偿标准的二倍向劳动者支付赔偿金，故赔偿金和经济补偿金的计算基数一样。以下以经济补偿金的计算基数为讨论对象。

《劳动合同法》第47条第3款仅规定补偿金的计算基数为离职前12个月的平均工资，不够具体。《劳动合同法实施条例》第27条就计算基数问题进行了细化说明：《劳动合同法》第47条规定的经济补偿的月工资按照劳动者应得工资计算，包括计时工资或者计件工资以及奖金、津贴和补贴等货币性收入。《劳动合同法实施条例》从内涵的角度将“月工资”明确为“应得工资”，从外延的角度列举“月工资”除了基本工资之外还应包括“奖金、津贴和补贴等货币性收入”，在一定程度上为司法裁判提供了较明确的标准，但条例并没有明确该“应得工资”是扣除社会保险费、住房公积金、个人所得税之前的还是之后的工资。笔者认为，“应得工资”应理解为扣除社会保险费、住房公积金、个人所得税之前的工资，理由有三：

(1)从语义的角度分析，“应得工资”对应的是“实得工资”或“实发工资”，而“实发工资”在很多用人单位的工资表设置中，就是指扣除社会保险费、住房公积金、个人所得税之后的工资，因此“应得工资”理解为扣除社会保险费、住房公积金、个人所得税之前的工资更为恰当。

(2)社会保险费、住房公积金、个人所得税是用人单位的代扣项目,假设用人单位不代扣而是由劳动者自主申报即可缴纳,用人单位每月应向劳动者支付的工资总额就是扣除社会保险费、住房公积金、个人所得税之前的全部收入,即所谓“应得工资”。

(3)用人单位代扣的养老保险的个人部分、住房公积金的个人部分均纳入个人账户(而非用人单位账户或者国家统筹账户),符合工资货币性收入的特点,亦可理解为工资。

故“应得工资”应指扣除社会保险费、住房公积金、个人所得税之前的工资收入。

【HR实务】

劳动合同解除或者终止后,在用人单位对于是否需要支付经济补偿金没有争议的情况下,需依法正确核算经济补偿金的计算基数,注意以下两点:

(1)计算基数应为劳动者的扣除社会保险费、住房公积金、个人所得税前的平均工资。

(2)如用人单位存在通信、交通等报销项目,因该部分为劳动者公务支出,可不计入劳动者工资范围,也就无须计入经济补偿金的计算基数。但注意报销支付应与工资收入分开支付,并在银行交易摘要备注“报销”。

【法律链接】

1.《劳动合同法》

第四十七条 经济补偿按劳动者在本单位工作的年限,每满一年支付一个月工资的标准向劳动者支付。六个月以上不满一年的,按一年计算;不满六个月的,向劳动者支付半个月工资的经济补偿。

劳动者月工资高于用人单位所在直辖市、设区的市级人民政府公布的本地区上年度职工月平均工资三倍的,向其支付经济补偿的标准按职工月平均工资三倍的数额支付,向其支付经济补偿的年限最高不超过十二年。

本条所称月工资是指劳动者在劳动合同解除或者终止前十二个月的平均工资。

2.《劳动合同法实施条例》

第二十七条 劳动合同法第四十七条规定的经济补偿的月工资按照劳

动者应得工资计算,包括计时工资或者计件工资以及奖金、津贴和补贴等货币性收入。劳动者在劳动合同解除或者终止前12个月的平均工资低于当地最低工资标准的,按照当地最低工资标准计算。劳动者工作不满12个月的,按照实际工作的月数计算平均工资。

3. 原劳动部《关于贯彻执行〈中华人民共和国劳动法〉若干问题的意见》

53. 劳动法中的"工资"是指用人单位依据国家有关规定或劳动合同的约定,以货币形式直接支付给本单位劳动者的劳动报酬,一般包括计时工资、计件工资、奖金、津贴和补贴、延长工作时间的工资报酬以及特殊情况下支付的工资等。"工资"是劳动者劳动收入的主要组成部分。

劳动者的以下劳动收入不属于工资范围:

(1)单位支付给劳动者个人的社会保险福利费用,如丧葬抚恤救济费、生活困难补助费、计划生育补贴等;

(2)劳动保护方面的费用,如用人单位支付给劳动者的工作服、解毒剂、清凉饮料费用等;

(3)按规定未列入工资总额的各种劳动报酬及其他劳动收入,如根据国家规定发放的创造发明奖、国家星火奖、自然科学奖、科学技术进步奖、合理化建议和技术改进奖、中华技能大奖等,以及稿费、讲课费、翻译费等。

4. 深圳市中级人民法院《关于审理劳动争议案件的裁判指引》

九十七、在计算经济补偿或赔偿金时,劳动者解除劳动合同前十二个月平均工资,除包括正常工作时间的工资外,还包括劳动者的加班工资。劳动者已领取的年终奖或年终双薪,计入工资基数时应按每年十二个月平均分摊。

用人单位因未在用工之日起一个月内签订劳动合同而按月向劳动者支付的二倍工资,其中加付的一倍工资不纳入经济补偿或赔偿金的计算基数。

(二)用人单位违法解除劳动合同需支付2N的赔偿金,无须支付"+1"的代通知金

用人单位解除劳动合同后,如被认定为违法解除劳动合同,则需要支付

2N的赔偿金,N是劳动者的工作年限对应的补偿标准(劳动者工作一年补偿一个月本人工资)。在很多司法裁判中,劳动者除主张赔偿金外,还主张“+1”的代通知金,认为只要企业解除劳动合同,都需要提前一个月通知,否则就需要支付代通知金。在企业劳动管理实务中,很多HR也难以分辨N+1和N两种补偿标准的适用情形,下文将通过案例为大家厘清这一问题。

【真实案例】

参见深圳市中级人民法院(2015)深中法劳终字第3835号民事判决书

1. 案情概述

王某于2014年10月26日入职捷某公司,从事手表计件装配工作,工资结构为保底工资4500元+房补200元,月平均工资7000元。2015年3月1日春节假期结束,王某返回公司后,捷某公司以“生意不好”为由非法解除双方的劳动关系。

王某诉至法院,请求:(1)判令公司支付违法解雇的赔偿金14,000元(7000元/月×2月);(2)判令公司支付未提前一个月通知解除劳动合同的代通知金7000元。

2. 裁判结果

深圳市中级人民法院判决,捷某公司于判决生效之日起3日内支付王某解除劳动关系赔偿金14,000元,驳回王某关于未提前一个月通知解除劳动合同的代通知金7000元的请求。

3. 裁判理由

员工已通过录音等证据证明了公司解除劳动合同之事实,公司作为用人单位应就其解除行为的合法性承担举证责任,但公司并未就此提出证据,故法院认定劳动关系解除违法,公司依法应按2N的标准支付赔偿金。违法解除劳动合同的,公司需按照2N的标准支付赔偿金,但一并要求代通知金并无法律依据。

【律师点评】

劳动合同的终止和解除往往伴随经济补偿金或赔偿金的劳动争议,但并非所有情形均需要支付代通知金。本案中,法院认定用人单位违法解除劳动合同,用人单位依法应按2N的标准向劳动者支付赔偿金。用人单位需要支付代通知金的前提是用人单位合法解除,且仅限于《劳动合同法》第40条所规定的三种情形:(1)劳动者患病或者非因工负伤,医疗期满后,不能从事原工作也不能从事由用人单位另行安排的工作的;(2)劳动者不能胜任工作,经过培训或者调整工作岗位,仍不能胜任工作的;(3)劳动合同订立时所依据的客观情况发生重大变化,致使劳动合同无法履行,经用人单位与劳动者协商,未能就变更劳动合同达成协议的。

除上述三种情形之外,凡是法律规定用人单位需要支付经济补偿金的情形(主要集中在《劳动合同法》第46条之规定),都不需要支付代通知金。

【HR实务】

在劳动管理实务中,企业要谨慎行使《劳动合同法》第40条赋予其的单方解除权,因为法律赋予企业解除权的同时,也要求企业就确实存在第40条的三种情形承担更多的举证责任,很多案例中企业都因为无法举证而败诉,最终被认定为违法解除劳动合同,并支付2N的赔偿金。如劳动者确实存在第40条规定的三种情形之一,建议HR作出如下处理:

(1)尽量与劳动者协商解除劳动合同,并签订协商解除劳动合同协议,避免企业依第40条作出单方解除决定。

(2)尽量提前一个月通知劳动者与用人单位的协商解除意愿,并在劳动者离职前安排劳动者休完剩余的年休假。

(3)如劳动者坚持代通知金的诉求,企业可按照N+1的标准支付补偿金,但要注意“N”的计算基数是劳动者离职前12个月的平均工资,而“+1”是指劳动者离职前一个月的应得工资。

【法律链接】

1.《劳动合同法》

第四十条 有下列情形之一的,用人单位提前三十日以书面形式通知劳动者本人或者额外支付劳动者一个月工资后,可以解除劳动合同:

(一)劳动者患病或者非因工负伤,在规定的医疗期满后不能从事原工作,也不能从事由用人单位另行安排的工作的;

(二)劳动者不能胜任工作,经过培训或者调整工作岗位,仍不能胜任工作的;

(三)劳动合同订立时所依据的客观情况发生重大变化,致使劳动合同无法履行,经用人单位与劳动者协商,未能就变更劳动合同内容达成协议的。

2.《劳动合同法实施条例》

第二十条 用人单位依照劳动合同法第四十条的规定,选择额外支付劳动者一个月工资解除劳动合同的,其额外支付的工资应当按照该劳动者上一个月的工资标准确定。

3. 深圳市中级人民法院《关于审理劳动争议案件的裁判指引》

七十五、用人单位违法解除或终止劳动合同,应依据《劳动合同法》第八十七条及《劳动合同法实施条例》第二十五条的规定支付赔偿金。但劳动者同时以用人单位未提前三十日通知解除劳动合同为由请求额外支付一个月工资的,不予支持。

(三)用人单位违法约定试用期,劳动者已经实际履行的,用人单位应就超过法定试用期部分向劳动者支付赔偿金

试用期,是指用人单位对新招收的劳动者的工作态度和工作能力等因素进行考察的时间期限。《劳动合同法》对试用期的期限和其他要求有明确的规定,但实践中仍存在用人单位超过法定期限约定试用期、单方延长试用期等情形。这种做法不仅不能实现用人单位的目的,反而会被认定为违法,并导致用人单位向劳动者支付超期的赔偿金。

【真实案例】

参见深圳市中级人民法院(2015)深中法劳终字第3666号民事判决书

1. 案情概述

刘某于2014年4月1日入职深圳市好某物业管理有限公司(以下简称

好某公司），岗位为农场场长。双方签订了一年期的劳动合同，约定了两个月试用期，但双方在《劳动合同》第 12 条以特别约定的方式约定了“前期初步拟定试用期半年（工资为 4000 元）”。

好某公司于 2014 年 10 月 20 日向刘某发出《辞退通知书》，以其试用期考核不合格为由，单方面解除与刘某的劳动合同，并要求其于 2014 年 10 月 31 日前将离职手续办理完毕。

刘某诉至法院，请求好某公司支付违法解除劳动合同的赔偿金及违法约定试用期的赔偿金。

本案经过两审，争议焦点之一在于好某公司是否需要支付违法约定试用期的赔偿金。刘某认为，根据《劳动合同法》第 19 条的规定，劳动合同期限一年以上不满三年的，试用期不得超过两个月，好某公司应该支付赔偿金。好某公司辩称，双方的《劳动合同》试用期明确约定是两个月，并没有超出法定期限，不应支付赔偿金。

2. 裁判结果

深圳市中级人民法院经审理，驳回好某公司的上诉请求，维持了一审判决，好某公司应该支付刘某超出法定试用期的赔偿金 25,000 元。

3. 裁判理由

双方在《劳动合同》第 12 条以特别约定的方式约定了“前期初步拟定试用期半年（工资为 4000 元）”，且好某公司于 2014 年 10 月 20 日发出《辞退通知书》解除合同是以刘某试用期考核不合格为由，因此，原审法院以双方劳动合同约定的条款为准，认定双方约定的试用期为六个月并无不当。

根据《劳动合同法》的相关规定，劳动合同期限一年以上不满三年的，试用期不得超过两个月。违法约定的试用期已经履行的，由用人单位以劳动者试用期满月工资为标准，按已经履行的超过法定试用期的期间向劳动者支付赔偿金。

本案中，好某公司与刘某签订的劳动合同期限为一年，约定六个月的试用期的行为违反了法律规定。因双方未明确约定试用期满后工资待遇，原审法院参照“劳动者在试用期的工资不得低于本单位相同岗位最低档工资或者劳动合同约定工资的百分之八十”的规定，认定按照每月 5000 元的工资标准核算支付刘某超出法定试用期赔偿金 25,000 元，并无不当，法院予以维持。

【律师点评】

用人单位违法解除劳动合同的,需向劳动者支付赔偿金。用人单位违法约定试用期的,也要向劳动者支付赔偿金,但很多用人单位对这一规定很陌生,笔者根据《劳动合同法》之规定,将其中要点总结如下:

(1)法定试用期时间上限:劳动合同期限三个月以上不满一年的,试用期不得超过一个月;劳动合同期限一年以上不满三年的,试用期不得超过二个月;三年以上固定期限和无固定期限的劳动合同,试用期不得超过六个月。

(2)同一用人单位与同一劳动者只能约定一次试用期。

(3)以完成一定工作任务为期限的劳动合同、劳动合同期限不满三个月的劳动合同,不得约定试用期。

(4)劳动合同仅约定试用期的,试用期不成立,该期限为劳动合同期限。

(5)试用期一旦约定不可单方延长。

(6)试用期满即转正,无须用人单位批准。

用人单位违反上述六点中的任何一点都构成违法,如果劳动者已经履行了违法约定的试用期,则用人单位需向劳动者支付赔偿金。赔偿金的基数是劳动者试用期满的月工资,赔偿金的期限是劳动者实际已履行的超期部分。用人单位支付赔偿金后,仍需向劳动者支付相应的劳动报酬,也就是说,劳动者实际履行的超期部分可获得双倍工资。

需要说明的是,用人单位违法约定试用期后,如果劳动者没有实际履行超期的部分,则无权主张用人单位支付赔偿金。例如,劳动合同的期限为一年,用人单位约定试用期六个月(法定标准是最长不超过二个月);如果劳动者已实际履行了六个月,则用人单位需从第三个月至第六个月向其多支付一倍工资作为赔偿金;但如果劳动者仅履行了二个月,则不能向用人单位主张赔偿金。

【HR 实务】

关于试用期的问题,《劳动合同法》的规定还是比较明确的,实务中保证试用期约定合规即可,具体注意以下几点:

(1)如用人单位想约定较长的试用期,可以签订三年期的劳动合同,试用期约定六个月。

(2)劳动者在试用期被证明不符合录用条件的,用人单位可以解除劳动合同，且无须支付经济补偿金。这就要求用人单位的录用条件明确化、书面化，例如，安排劳动者签收《录用条件确认书》，在《劳动合同》中设置“录用条件”条款等，以真正实现试用期的考核作用。

（3）试用期一旦约定便不可延长，试用期满也无须用人单位审批转正，但法律并不禁止用人单位安排员工提前转正，用人单位可利用这一点来加强试用期的考察和激励作用。假设用人单位需设定两个月的试用期考核员工，则用人单位可签订三年期的劳动合同，并约定试用期六个月，用人单位在两个月后可根据员工表现决定是否提前安排其转正，以提高用工效率。

【法律链接】

《劳动合同法》

第十九条 劳动合同期限三个月以上不满一年的，试用期不得超过一个月；劳动合同期限一年以上不满三年的，试用期不得超过二个月；三年以上固定期限和无固定期限的劳动合同，试用期不得超过六个月。

同一用人单位与同一劳动者只能约定一次试用期。

以完成一定工作任务为期限的劳动合同或者劳动合同期限不满三个月的，不得约定试用期。

试用期包含在劳动合同期限内。劳动合同仅约定试用期的，试用期不成立，该期限为劳动合同期限。

第七十条 非全日制用工双方当事人不得约定试用期。

第八十三条 用人单位违反本法规定与劳动者约定试用期的，由劳动行政部门责令改正；违法约定的试用期已经履行的，由用人单位以劳动者试用期满月工资为标准，按已经履行的超过法定试用期的期间向劳动者支付赔偿金。

(四)劳动者工资超过当地职工月平均工资三倍的,经济补偿金的计算基数按职工月平均工资三倍的数额支付

在一些劳动合同解除或者终止的情形下,用人单位需向劳动者支付经济补偿金,经济补偿金的计算基数为劳动者离职前12个月的平均工资。如果劳动者工资高于当地上年度职工月平均工资三倍,经济补偿金的计算基数以当地上年度职工月平均工资的三倍“封顶”。

【真实案例】

参见深圳市中级人民法院(2015)深中法劳终字第306号民事判决书

1. 案情概述

高某于2012年2月29日入职深圳市圣某达自动化科技有限公司(以下简称圣某公司),任职软件工程师,双方劳动合同期限为2012年2月29日至2015年2月28日。合同约定高某税后工资20,000元/月,每年工资增幅不低于10%。后圣某公司以高某不胜任工作为由取消了工资增幅10%的约定。高某在2014年5月15日以公司未及时足额支付劳动报酬为由向圣某公司提出辞职,并邮寄了辞工书。

后高某申请劳动仲裁,提出要求圣某公司支付2013年6月至2014年5月的工资差额共计23,000元、被迫解除劳动关系的经济补偿金55,000元等请求。

本案经过仲裁、一审、二审,在审理过程中争议焦点之一在于公司支付经济补偿金的计算基数是员工本人实际的工资即税前20,000元/月还是职工平均工资的三倍14,754元/月(4918元/月×3倍)。

2. 裁判结果

深圳市中级人民法院经审理后判决:(1)圣某公司向高某支付2013年6月至2014年5月工资差额23,000元;(2)圣某公司向高某支付被迫解除劳动合同的经济补偿金36,885元。

3. 裁判理由

法院认为，双方在《劳动合同》中已约定了工资标准及每年涨幅10%的标准，虽圣某公司称此约定已经过双方口头同意取消，但并未举证证明，故圣某公司拖欠23,000元的工资差额事实清楚。另外，员工基于圣某公司拖欠工资行为已于2014年5月15日提出辞职，符合《劳动合同法》第38条的规定，圣某公司应向其支付经济补偿金。

根据《劳动合同法》第47条第2款的规定："劳动者月工资高于用人单位所在直辖市、设区的市级人民政府公布的本地区上年度职工月平均工资三倍的，向其支付经济补偿的标准按职工月平均工资三倍的数额支付，向其支付的年限最高不超过十二年。"本案中员工的月平均工资为20,000元，高于深圳市2013年度月平均工资（4918元）的三倍，依法应以深圳市2013年度月平均工资的三倍作为计算其补偿金的计发基数，经核算，圣某公司应支付员工解除劳动关系经济补偿金36,885元（4918元/月×3倍×2.5月）。

【律师点评】

实务中有很多劳动者的工资很高，为了平衡劳资之间的权益，避免用人单位支付过高的经济补偿金，《劳动合同法》第47条规定了经济补偿金的"双封顶"原则，即当劳动者离职前12个月的平均工资超过当地职工平均工资三倍时，经济补偿金的计算基数"三倍封顶"，补偿年限"12年封顶"。在对本条理解与适用时，应注意以下几点：

（1）"双封顶"原则要区分《劳动合同法》实施（2008年1月1日）之前和之后：劳动者在《劳动合同法》实施之后入职的，适用"双封顶"原则；劳动者在《劳动合同法》实施之前入职的，实施后的工龄适用"双封顶"原则，实施前的工龄不适用"双封顶"原则（经济补偿金的计算基数不再分段计算）。

（2）劳动合同履行地与用人单位注册地不一致的，上年度职工月平均工资应按照劳动合同履行地的有关规定执行，如用人单位注册地的有关标准高于劳动合同履行地的有关标准，且用人单位与劳动者约定按照用人单位注册地的有关规定执行的，从其约定。

（3）赔偿金是经济补偿金的二倍，因此同样适用"三倍封顶"的原则，但赔偿年限可超过12年。

【HR 实务】

《劳动合同法》就经济补偿金的计算基数“三倍封顶”的原则规定还是比较明确的,实务中应保证补偿标准的合法。地方政府统计部门在每年的 3 月或 7 月会公布本地上年度职工平均工资,HR 可留心关注。

【法律链接】

1.《劳动合同法》

第四十七条 经济补偿按劳动者在本单位工作的年限,每满一年支付一个月工资的标准向劳动者支付。六个月以上不满一年的,按一年计算;不满六个月的,向劳动者支付半个月工资的经济补偿。

劳动者月工资高于用人单位所在直辖市、设区的市级人民政府公布的本地区上年度职工月平均工资三倍的,向其支付经济补偿的标准按职工月平均工资三倍的数额支付,向其支付经济补偿的年限最高不超过十二年。

本条所称月工资是指劳动者在劳动合同解除或者终止前十二个月的平均工资。

第八十七条 用人单位违反本法规定解除或者终止劳动合同的,应当依照本法第四十七条规定的经济补偿标准的二倍向劳动者支付赔偿金。

2.《劳动合同法实施条例》

第十四条 劳动合同履行地与用人单位注册地不一致的,有关劳动者的最低工资标准、劳动保护、劳动条件、职业危害防护和本地区上年度职工月平均工资标准等事项,按照劳动合同履行地的有关规定执行;用人单位注册地的有关标准高于劳动合同履行地的有关标准,且用人单位与劳动者约定按照用人单位注册地的有关规定执行的,从其约定。

六、规 章 制 度

（一）民主协商程序缺失，规章制度并不必然没有法律效力

《劳动合同法》在规章制度的程序合法方面作出了重大的突破，明确规定用人单位在制定或修改直接涉及劳动者切身利益的规章制度时，应当经职工代表大会或全体职工讨论，与工会或职工代表平等协商确定。

但在实践中，仍然有为数不少的用人单位不了解上述法律规定，在制定或修改规章制度时，完全忽略了民主程序，而由用人单位自行制定并向员工公布。那么，民主程序缺失的规章制度，能否作为用人单位对劳动者的管理依据？又能否作为劳动仲裁和人民法院的裁判依据呢？

【真实案例】

参见深圳市中级人民法院（2015）深中法劳终字第1210号民事判决书

1. 案情概况

陈某系进某彩盒包装（深圳）有限公司（以下简称进某公司）的员工。2014年6月30日，陈某填写了请假申请表，以"回家年审驾驶证"为由，申请2014年7月1～5日的事假，申请表上只有主管刘某签名。进某公司以陈某未履行完毕请假手续、旷工超过三天为由，对其作自动离职处理。

陈某主张进某公司系违法解除劳动合同，依法申请了劳动仲裁。劳动人事争议仲裁委员会与一审法院均不支持陈某的请求事项。陈某不服，最终诉至深圳市中级人民法院。

2. 裁判结果

深圳市中级人民法院驳回了陈某的上诉请求，认定进某公司与陈某解

除劳动关系没有违反法律规定,进某公司依法无须向陈某支付违法解除劳动关系的赔偿金。

3. 裁判理由

关于进某公司是否应支付陈某违法解除劳动关系赔偿金问题,法院认为,进某公司提交了有陈某签名的《厂规》。进某公司虽无充分证据证明《厂规》经过了民主程序制定,但《厂规》规定的相关规章制度未违反法律、行政法规及政策规定,不存在明显不合理的情形,并已在陈某入职时对其进行了告知,故该《厂规》可以作为法院裁判的依据。

陈某称,《厂规》上虽然有其签名,但其对《厂规》的内容并不清楚,陈某未能提供相应的证据予以证明,陈某的请假手续不符合进某公司厂规的规定。且请假申请表亦明确载明:"请假申请表必须在请假前申请,事假须提前7天,由经理/总公司主管批核,逾期填写一律当旷工论(如急事请假,事后一定要有证明,如无证明则当旷工算)。"陈某在填写请假表时理应详细阅读且知晓,故陈某在请假未得到批准的情况下旷工多日,已属于严重违反劳动纪律及厂规的情形,进某公司与其解除劳动关系没有违反法律规定,因此法院依法判决进某公司无须向陈某支付违法解除劳动关系的赔偿金。

【律师点评】

根据最高人民法院《关于审理劳动争议案件适用法律若干问题的解释》第19条[1]的规定,企业的规章制度可以作为法院审理劳动争议案件的依据的前提条件是规章制度已通过民主程序且已向劳动者公示。但广东与江苏等地法院的指导意见、裁判指引却作出了更为宽松的规定,即在《劳动合同法》实施后,未经过民主程序的规章制度,原则上不能作为企业用工管理的依据。但如规章制度未违反法律、行政法规规定,且不存在明显不合理的情形,并已向劳动者公示或告知,劳动者没有异议的,同样可以作为法院裁判的依据。

因此,规章制度缺失民主协商程序,并不必然导致规章制度不具有法律效力,不得作为法院的裁判依据,具体还是要参考各地法院的相关规定。但

---

〔1〕 该解释已于2021年1月1日废止,对应内容参见最高人民法院《关于审理劳动争议案件适用法律问题的解释(一)》第50条。

在实务中，为避免不必要的法律风险，建议企业严格按照《劳动合同法》的规定操作规章制度的民主协商程序，确保规章制度具有法律效力。

【HR实务】

实务中，用人单位操作民主协商程序，一般有以下几种方式：(1)分别、单独、书面向全体劳动者征集意见；(2)通过会议的形式向劳动者征求意见；(3)通过电子邮件的方式向劳动者征求意见。在采取第三种方式向劳动者征集意见时，应事先要求劳动者确认其联系邮箱，并妥善保存电子邮件的记录。

用人单位无论采取哪种方式操作规章制度的民主协商程序，均应妥善保管相关的材料，避免在发生争议时空口无凭。

【法律链接】

1.《劳动合同法》

第四条 用人单位应当依法建立和完善劳动规章制度，保障劳动者享有劳动权利、履行劳动义务。

用人单位在制定、修改或者决定有关劳动报酬、工作时间、休息休假、劳动安全卫生、保险福利、职工培训、劳动纪律以及劳动定额管理等直接涉及劳动者切身利益的规章制度或者重大事项时，应当经职工代表大会或者全体职工讨论，提出方案和意见，与工会或者职工代表平等协商确定。

在规章制度和重大事项决定实施过程中，工会或者职工认为不适当的，有权向用人单位提出，通过协商予以修改完善。

用人单位应当将直接涉及劳动者切身利益的规章制度和重大事项决定公示，或者告知劳动者。

2.湖南省高级人民法院《关于审理劳动争议案件若干问题的指导意见》

十七、用人单位在《劳动合同法》施行前制定的规章制度，一般予以认可。

《劳动合同法》施行后，用人单位制定、修改直接涉及劳动者切身利益的规章制度或者决定重大事项时，未经过《劳动合同法》第四条第二款规定的民主程序的，原则上不能作为用人单位用工管理的依据。但规章制度或者重大事项的内容未违反法律、行政法规及政策规定，不存在明显不合理的情形，并已向劳动者公示或告知的，可以作为人民法院裁判的依据。

3. 深圳市中级人民法院《关于审理劳动争议案件的裁判指引》

七十二、用人单位在《劳动合同法》实施前制定的规章制度,虽未经过《劳动合同法》第四条第二款规定的民主程序,但内容未违反法律、行政法规及政策规定,并已向劳动者公示或告知的,可以作为用人单位用工管理的依据。

《劳动合同法》实施后,用人单位制定、修改直接涉及劳动者切身利益的规章制度或重大事项时,未经过《劳动合同法》第四条第二款规定的民主程序的,原则上不能作为用人单位用工管理的依据。但规章制度或重大事项的内容未违反法律、行政法规及政策规定,不存在明显不合理的情形,并已向劳动者公示或告知的,劳动者没有异议的,可以作为用人单位用工管理的依据。

(二)规章制度与劳动合同的约定不一致时,劳动者可选择适用

规章制度与劳动合同,均是约定用人单位与劳动者权利义务的重要形式,用人单位依法可依据规章制度和劳动合同对劳动者进行用工管理。但在实践中,经常出现规章制度的内容与劳动合同的约定不一致的情形,导致用人单位与劳动者发生争议。在这种情况下,应当以哪个约定为准呢?

【真实案例】

参见上海市第二中级人民法院(2015)沪二中民三(民)终字第979号民事判决书

1. 案情概述

2013年9月23日,张某入职上海欧某爱国际贸易有限公司(以下简称欧某爱公司),双方签订《COO运营总监服务合同》,约定张某担任欧某爱公司运营总监,合同期限是2013年9月23日至2019年9月15日。双方同时约定,“在任何情况下,本合同有效期内的前两年,28万元的年度最低奖金是被保证的”。2014年10月29日,张某提出辞职,公司予以同意。张某于

2014 年 11 月 28 日办理工作交接后离职，但公司却未向张某支付 2014 年度的年度奖金。

2015 年 2 月 28 日，张某向上海市嘉定区劳动人事争议仲裁委员会申请仲裁，要求公司支付 2014 年度的年度奖金 256,666 元。2015 年 4 月 24 日，该仲裁委员会作出嘉劳人仲（2015）办字第 519 号裁决，裁决对张某的请求事项不予支持。张某不服该裁决，诉至法院。

欧某爱公司辩称，双方约定年度奖金的成立条件是合理的服务期限和三个月的交接期限、个人年度绩效考核结果、经济效益。根据全体工会人员通过并由张某作为高层参与讨论、同意发布并实施的 2013 年版员工手册的规定，员工主动离职，公司不予发放年度奖金。劳动合同中约定，张某应当遵守公司的规章制度。因此张某要求公司支付年度奖金的理由不成立，欧某爱公司不同意其诉讼请求。

2. 裁判结果

上海市第二中级人民法院判决，欧某爱公司应向张某支付 2014 年 1 月至 11 月的年度奖金 256,666 元。

3. 判决理由

法院认为，根据张某与欧某爱公司所签订的劳动合同，张某可以享受的最低年度奖金是 28 万元，且协议中表述原文是“在任何情况下，本合同有效期内的前两年，28 万元的年度最低奖金是被保证的”，据此条文的理解，该 28 万元的年度最低奖金的支付不存在任何前提条件，因此公司应当按此约定履行义务。现公司以员工手册中规定离职员工不享受年度奖金为由，不同意支付张某年度奖金。但是劳动合同签订在前、员工手册形成在后，根据最高人民法院《关于审理劳动争议案件适用法律若干问题的解释（二）》[1]的规定，用人单位制定的内部规章制度与集体合同或劳动合同约定的内容不一致，劳动者请求优先适用合同约定的，法院应予支持。公司关于张某不享受年度奖金的意见，法院不予采纳。

另外，用人单位与劳动者协商一致，可以变更劳动合同约定的内容，变更劳动合同应当采用书面形式。即使公司提交的员工手册已经有效实施并

---

〔1〕 该解释已于 2021 年 1 月 1 日废止，对应内容参见最高人民法院《关于审理劳动争议案件适用法律问题的解释（一）》第 50 条。

适用于张某,但双方就劳动合同中的有关年度奖金的约定并未进行任何修改,故张某要求欧某爱公司按照劳动合同的约定支付2014年度相应的年度奖金的诉讼请求,合法有据,法院予以支持。

【律师点评】

根据最高人民法院《关于审理劳动争议案件适用法律问题的解释(一)》第50条的规定,用人单位制定的内部规章制度与集体合同或者劳动合同约定的内容不一致,劳动者请求优先适用合同约定的,法院应予支持。原因在于,规章制度适用于多数员工,是用人单位规范劳动权利义务的一般标准。而劳动合同是用人单位与具体某一员工协商一致的结果,是规范双方权利义务的特殊规定。因此,用人单位与劳动者在劳动合同中的特殊约定的法律效力高于用人单位在规章制度中的一般规定的法律效力,劳动者有权优先适用。

【HR实务】

实务中,在处理规章制度与劳动合同的关系时,应注意以下几点:

(1)用人单位在制定或修改规章制度时,应对劳动合同进行审查,避免出现规章制度的内容与劳动合同的内容冲突或不一致的情形。

(2)签订劳动合同时,切勿约定规章制度作为附件。

规章制度的制定与修改,依法经过民主程序即可生效,但劳动合同的修改必须经与劳动者协商一致才有效。因此,如果将规章制度约定为劳动合同的附件,则规章制度的修改均必须与每一位劳动者进行单独协商。否则,用人单位将无权对劳动合同和规章制度进行任何的修改。这不仅导致规章制度的修改成为无法预知的难事,也会导致修改规章制度的成本不必要地增加。

【法律链接】

最高人民法院《关于审理劳动争议案件适用法律问题的解释(一)》

第五十条 用人单位根据劳动合同法第四条规定,通过民主程序制定的规章制度,不违反国家法律、行政法规及政策规定,并已向劳动者公示的,可以作为确定双方权利义务的依据。

用人单位制定的内部规章制度与集体合同或者劳动合同约定的内容不一致，劳动者请求优先适用合同约定的，人民法院应予支持。

（三）下级法人单位适用上级法人单位的规章制度，仍应经过民主程序

随着越来越多的拥有下属公司的企业集团出现，下级公司应如何适用上级公司规章制度这一难点凸显。实践中，在为数不少的集团公司的规章制度中，存在"下级全资子公司或控股公司执行本规定"等类似规定。这样的规定是否有效？子公司能否使用母公司的规章制度直接对本单位的劳动者进行用工管理？

【真实案例】

参见珠海市斗门区人民法院(2015)珠斗法五民初字第13号民事判决书

1. 案情概述

2006年1月10日，李某入职珠海市乐某化工股份有限公司（以下简称乐某化工公司），当日签订《员工志愿书》，确认知悉乐某化工公司的规章制度。2012年5月，李某调入珠海乐某新材料科技有限公司（以下简称乐某新材料公司）从事投料员工作。

2014年5月16日，乐某新材料公司作出《关于对仓库投料员李某违纪的处理决定》，以李某存在错误投料造成公司损失、经常酒后上岗且屡劝不改、在公司参与赌博等严重违反公司规章制度的行为为由，解除其劳动合同。双方就赔偿金事宜产生争议，诉至法院。

李某主张，其不知悉乐某新材料公司的规章制度，且乐某化工公司与乐某新材料公司是两个独立法人，员工的工资、社会保险、管理制度均属不同的法律主体。在乐某新材料公司未经民主程序公示而直接规定适用乐某化工公司的《员工手册》的情况下，《员工手册》规定的内容不属于乐某新材料公司的规章制度。因此，乐某新材料公司系违法解除劳动合同，应支付赔偿金。

乐某新材料公司辩称,乐某化工公司的《员工手册》注明,凡乐某化工公司员工及控股关系公司必须遵守本守则及各子公司参照执行。李某在入职时也已签订了《员工志愿书》,确认知悉乐某化工公司的规章制度,即李某清楚知悉《员工手册》等规章制度关于严禁赌博和违章操作等方面的规定以及违反规定的相关后果。因此,公司解除李某劳动合同的行为合法有据。

2. 裁判结果

珠海市中级人民法院经审理认为,乐某新材料公司解除与李某的劳动合同既没有事实依据,也没有法律依据,属违法解除劳动合同,应依法向李某支付赔偿金。

3. 裁判理由

法院认为,本案存在两个争议焦点,一是乐某新材料公司解除劳动合同的事实和理由是否充分;二是乐某新材料公司能否依据乐某化工公司的《员工手册》解除劳动合同。乐某新材料公司提交的证据不足以证明李某有严重违反《员工手册》的行为。

针对第二个争议焦点,法院认为,乐某新材料公司开除李某依据的公司制度是其母公司乐某化工公司的《员工手册》。虽然乐某新材料公司举证证实李某在入职乐某化工公司时已在《员工志愿书》上签名,即李某知悉乐某新材料公司的规章制度,但乐某新材料公司系具有独立法人资格的主体,有权制定本公司的劳动规章制度。母公司的规章制度要适用于下级法人单位,必须经过下级法人单位的认可并对员工进行公示或告知。但在本案中,乐某新材料公司没有证据证明乐某化工公司的《员工手册》经过了乐某新材料公司的认可,并向李某公示。因此,乐某新材料公司不得依据《员工手册》的规定解除李某的劳动合同,即乐某新材料公司解除李某劳动合同的行为没有制度依据。

【律师点评】

在市场经济体制下,由于企业横向经济联合、资本运作等原因,一个具有法人资格的公司通过投资、参股或托管,设立全资子公司,或控股、参股子公司的情况屡见不鲜。从法律上讲,母公司与子公司均依法具有独立的法人资格,依法独立承担各自的民事责任和权利义务,是彼此独立的主体,相互不能替代。

虽然母公司通过控股或者契约等方式能够实际控制子公司的经营管理决策，但并不等于母公司制定的规章制度也能够直接适用于子公司的员工。基于劳动合同的相对性，子公司劳动者的相对方是子公司，而非母公司。因此，母公司制定的规章制度并不当然对子公司的员工具有约束力。只有子公司履行了《劳动合同法》第4条规定的民主程序，或母公司履行了《劳动合同法》第4条规定的民主程序且在子公司内向劳动者公示或告知的，母公司的规章制度才可以作为处理子公司劳动争议的依据。

本案中，母公司乐某化工公司所制定的《员工手册》，并未经过子公司乐某新材料公司的民主程序并向乐某新材料公司的劳动者公示或告知。因此，乐某新材料公司不能将《员工手册》的规定作为对李某进行管理的依据。

【HR实务】

在集团企业类型的公司需要将企业集团、母公司等上级法人的规章制度适用于参股公司、附属公司与子公司等下级法人时，除了企业集团、母公司等上级法人在制定规章制度时应按《劳动合同法》第4条的规定进行民主协商程序外，参股公司、附属公司与子公司等下级法人同样应依法进行民主协商程序，并向参股公司、附属公司与子公司等下级法人的劳动者进行公示或告知。否则，参股公司、附属公司与子公司等下级法人不得依据企业集团、母公司等上级法人的规章制度直接对劳动者进行管理。

【法律链接】

《劳动合同法》

第四条　用人单位应当依法建立和完善劳动规章制度，保障劳动者享有劳动权利、履行劳动义务。

用人单位在制定、修改或者决定有关劳动报酬、工作时间、休息休假、劳动安全卫生、保险福利、职工培训、劳动纪律以及劳动定额管理等直接涉及劳动者切身利益的规章制度或者重大事项时，应当经职工代表大会或者全体职工讨论，提出方案和意见，与工会或者职工代表平等协商确定。

在规章制度和重大事项决定实施过程中，工会或者职工认为不适当的，有权向用人单位提出，通过协商予以修改完善。

用人单位应当将直接涉及劳动者切身利益的规章制度和重大事项决定公示,或者告知劳动者。

(四)规章制度内容不合理的,不得作为管理依据

用人单位制定的规章制度的内容应符合法律法规的规定,基本上已经是一个共识。但是在实践中,有些用人单位存在一个认知误区,认为只要是法律不禁止的,用人单位就可以根据管理的需要而任意制定规章制度的内容,并据此对劳动者进行管理。事实上,用人单位的规章制度在保证合法性的同时,还应注意合理性。如果企业的规章制度的内容超出合理性的范围,也有可能会被认定无效。

【真实案例】

参见广东省佛山市南海区人民法院(2013)佛南法狮民一初字第322号民事判决书

1. 案情概述

曾某于2011年3月进入广东东某精工科技股份有限公司(以下简称东某公司)从事采购员工作。2012年12月,曾某向某公司采购齿轮一个,价格为350元。东某公司认为,曾某所采购齿轮的价格远远高于市场价格,为此,东某公司另行向同一公司采购同一规格的齿轮,价格仅为280元。

东某公司的《员工手册》规定:员工存在对外交易中严重失职,交易价格明显异常,超出市场同类产品价格15%以上的,视为严重违反公司劳动纪律或规章制度,公司将随时对其予以开除处分。据此,东某公司出具《开除通知书》,以曾某在对外交易中严重失职、交易价格明显异常,造成公司利益受损为由,开除了曾某。

曾某认为,东某公司的行为属违法解除劳动合同情形,侵害了其合法权益,故向佛山市南海区劳动人事争议调解仲裁委员会申请劳动仲裁。该仲裁委员会认定,东某公司系违法解除劳动合同,应当支付赔偿金。东某公司不服上述裁决,依法提起诉讼。

2. 裁判结果

佛山市中级人民法院经审理认为，东某公司违法解除与曾某的劳动关系，应向曾某支付违法解除劳动合同关系的赔偿金。

3. 裁判理由

关于公司是否系违法解除劳动合同的问题，法院认为，一方面，东某公司未能充分举证证明曾某采购配件价格异常；另一方面，东某公司所制定并据以开除曾某的规定具有明显的不合理性。本案中，曾某所经手采购的大多为少量的配件，就其所采购的 CW61100 伞齿轮为例，仅采购一件，单价为 350 元，在市场波动、付款方式、到货时间等因素影响下，一旦高出东某公司认为的“市场同类价格”几十元即可被认定为“严重失职，随时可以开除”，显然处罚过重。更何况“市场同类价格”难以确定，东某公司作为用人单位，执行此项规定无疑具有过大的裁量空间，容易产生对劳动者不公平的情形。

综上所述，法院采信曾某的主张，认定东某公司系违法解除与曾某的劳动关系，东某公司应支付违法解除劳动合同的赔偿金。

【律师点评】

对于司法部门能否对企业规章制度的合理性进行审查，在实务中存在较大的争议。有观点认为，企业强势地位突出，在民主协商制度、职代会制度不健全的现实情况下，即使规章制度经过民主程序，仍很难保证规章制度的公平、合理。因此，司法部门应将规章制度的合理性、公平性作为审查的标准之一。但是，也有人持反对意见，认为法无禁止性的规定就不违法，只要不违法，规章制度就是有效的，不必审查规章制度的合理性与公平性。如果赋予法官自由裁量权，等于剥夺了企业的规章制度制定权。

广东、江苏与深圳等地方法院的指导意见规定，对于未经民主程序的规章制度，如果内容不违法且不存在明显不合理的情形，可作为处理劳动争议的裁判依据。因此，在实务中，司法部门倾向于对规章制度内容的合理性进行审查，但审查范围一般仅限于争议条款。对于规章制度的其他内容，根据“不告不理”的原则，司法部门一般不主动进行审查。

在上述案例中，法院依职权对东某公司所制定并据以对曾某作出开除处理的《员工手册》条款进行了合理性审查，认为该规定具有明显的不合理性，并最终认定东某公司解除与曾某的劳动关系违法。

【HR实务】

本案提醒用人单位,在制定规章制度时,除应确保内容符合法律法规的规定,即确保内容合法之外,还应确保内容的合理性。

但是,关于“合理”的标准,不同行业、不同用人单位的理解往往不一致,适用的结果也就不一致。因此,用人单位在把握合理性的时候,基本原则是规章制度的内容应符合普通人的认知准则和社会公众公认的原则,而不应过于苛刻或严厉。否则,即使用人单位所制定的规章制度再完善,看起来再完美,都有可能会被认定为无效。

【法律链接】

1. 湖南省高级人民法院《关于审理劳动争议案件若干问题的指导意见》

十七、用人单位在《劳动合同法》施行前制定的规章制度,一般予以认可。

《劳动合同法》施行后,用人单位制定、修改直接涉及劳动者切身利益的规章制度或者决定重大事项时,未经过《劳动合同法》第四条第二款规定的民主程序的,原则上不能作为用人单位用工管理的依据。但规章制度或者重大事项的内容未违反法律、行政法规及政策规定,不存在明显不合理的情形,并已向劳动者公示或告知的,可以作为人民法院裁判的依据。

2. 深圳市中级人民法院《关于审理劳动争议案件的裁判指引》

七十二、用人单位在《劳动合同法》实施前制定的规章制度,虽未经过《劳动合同法》第四条第二款规定的民主程序,但内容未违反法律、行政法规及政策规定,并已向劳动者公示或告知的,可以作为用人单位用工管理的依据。

《劳动合同法》实施后,用人单位制定、修改直接涉及劳动者切身利益的规章制度或重大事项时,未经过《劳动合同法》第四条第二款规定的民主程序的,原则上不能作为用人单位用工管理的依据。但规章制度或重大事项的内容未违反法律、行政法规及政策规定,不存在明显不合理的情形,并已向劳动者公示或告知的,劳动者没有异议的,可以作为用人单位用工管理的依据。

七、竞业限制、服务期

(一)用人单位与劳动者约定竞业限制但未约定经济补偿的,不影响竞业限制协议的效力

竞业限制作为保守用人单位商业秘密的有效措施,在实践中被大量使用。为保守用人单位的商业秘密和与知识产权相关的保密事项,用人单位可以在劳动合同或者保密协议中与劳动者约定竞业限制条款——在劳动合同解除或终止后,在竞业限制期限内按月给予劳动者经济补偿,劳动者违反竞业限制约定的,应当按照约定向用人单位支付违约金。司法实践中,因各种原因竞业限制协议缺少经济补偿条款的,其效力如何?竞业限制协议没有约定经济补偿的,劳动者一方是否需要承担竞业限制义务?下面将从深圳市中级人民法院对类似案例的裁判结果出发,归纳出深圳市中级人民法院对该问题的一般裁判规则,供参考。

【真实案例】

参见深圳市中级人民法院(2014)深中法劳终字第4993号民事判决书

1. 案情概述

2008年4月18日,张某宾入职深圳市创某科技发展有限公司(以下简称创某公司),双方签订了劳动合同,期限为2008年4月至2011年7月31日。

劳动合同中约定,张某宾在服务期内不以任何方式直接或间接参加任何与创某公司构成竞争的业务或活动,不会参加其他与创某公司已经参与或即将参与业务存在竞争的任何实体或与其产生联系或作为该等实体股东拥有其股份;在服务关系因任何情况终止后的两年内不会以直接或间接方式自己经营或参与任何与创某公司有竞争的业务、为他人经营任何与创某

公司有竞争的业务,如违反以上承诺,张某宾除向创某公司支付违约金30万元外,还应立即停止违约行为。

2011年10月,张某宾与代某隆、况某、陈某凯共同出资成立了广州同某太阳能科技有限公司,该公司的经营范围与创某公司的经营范围有相同之处。2011年10月31日,张某宾从创某公司离职。

2014年1月,创某公司以张某宾违反竞业限制协议为由,提起劳动仲裁,要求张某宾支付违约金30万元。

2. 裁决结果

深圳市中级人民法院经审理后认为,双方当事人关于竞业限制的约定有法律效力,张某宾违反竞业限制协议约定,应支付违约金30万元。

3. 裁判理由

本案中,张某宾主张,双方虽约定了竞业限制,但未约定经济补偿,根据最高人民法院《关于审理劳动争议案件适用法律若干问题的解释(四)》第6条第1款、第7条[1]的相关规定,没有约定经济补偿的竞业限制协议或条款,劳动者有权要求经济补偿,而用人单位无权要求劳动者履行竞业限制义务,因此本案中创某公司要求支付违约金缺乏法律依据。

深圳市中级人民法院经审理后认为,最高人民法院上述司法解释并未明确规定用人单位与劳动者约定竞业限制但未约定经济补偿即认定竞业限制的约定无效,其他法律法规亦无相应规定,而《深圳经济特区企业技术秘密保护条例》第24条规定:"竞业限制协议约定的补偿费,按月计算不得少于该员工离开企业前最后十二个月月平均工资的二分之一。约定补偿费少于上述标准或者没有约定补偿费的,补偿费按照该员工离开企业前最后十二个月月平均工资的二分之一计算。"上述规定对约定竞业限制但未约定补偿费标准的情形予以明确,即补偿费按照该员工离开企业前最后12个月月平均工资的1/2计算。由此可知,张某宾关于约定竞业限制但未约定经济补偿即认定竞业限制无效的主张与上述法律规定不符。故本案中,双方当事人关于竞业限制的约定有法律效力。

---

[1] 该解释已于2021年1月1日废止,对应内容参见最高人民法院《关于审理劳动争议案件适用法律问题的解释(一)》第36条第1款、第37条的规定。

【律师点评】

根据最高人民法院《关于审理劳动争议案件适用法律若干问题的解释（四）》第6条第1款、第7条的相关规定，没有约定经济补偿的竞业限制协议或条款，劳动者有权要求经济补偿，而用人单位无权要求劳动者履行竞业限制义务。这是国家层面对未约定经济补偿的竞业限制协议效力的规定，也是本案中劳动者一方抗辩的主要法律依据。

但法院最终判决劳动者败诉，判定双方签订的竞业限制协议即使没有约定经济补偿，也具有法律约束力。其原因在于深圳市作为经济特区，有权制定符合特区特点的规范性文件。尤其在劳动法领域，劳动人事争议仲裁委员会、法院在审理劳动案件时，往往优先适用这些地方性规定。针对未约定经济补偿的竞业限制协议，《深圳经济特区企业技术秘密保护条例》第24条已有明确规定。张某宾未能充分掌握深圳市的地方性规定是其败诉的主要原因。

张某宾在此案败诉后，又另行提起劳动仲裁，要求创某公司支付经济补偿。但由于已逾劳动争议案件的诉讼时效，劳动人事争议仲裁委员会、法院均驳回了其请求。

【HR实务】

针对未约定经济补偿的竞业限制协议或条款，目前深圳地区的裁判规则如下：

1. 未约定经济补偿的，不影响竞业限制协议的法律效力

最高人民法院关于竞业限制的相关司法解释并未明确规定用人单位与劳动者约定竞业限制但未约定经济补偿即认定竞业限制的约定无效，其他法律法规亦无相应规定。另外，《深圳经济特区企业技术秘密保护条例》作为地方立法，对此也进行了补正。因此，未约定经济补偿的，不影响竞业限制协议的法律效力，双方都应按照约定及法律规定履行双方义务。

2. 未约定经济补偿的，补偿费按照该员工离开企业前最后12个月月平均工资的1/2计算

《深圳经济特区企业技术秘密保护条例》第24条规定："竞业限制协议约定的补偿费，按月计算不得少于该员工离开企业前最后十二个月月平均

工资的二分之一。约定补偿费少于上述标准或者没有约定补偿费的,补偿费按照该员工离开企业前最后十二个月月平均工资的二分之一计算。”上述规定对约定了竞业限制但未约定补偿费标准的情形予以明确,即补偿费按照该员工离开企业前最后 12 个月的月平均工资的 1/2 计算。

【法律链接】

1. 最高人民法院《关于审理劳动争议案件适用法律问题的解释(一)》

第三十六条 当事人在劳动合同或者保密协议中约定了竞业限制,但未约定解除或者终止劳动合同后给予劳动者经济补偿,劳动者履行了竞业限制义务,要求用人单位按照劳动者在劳动合同解除或者终止前十二个月平均工资的 30% 按月支付经济补偿的,人民法院应予支持。

前款规定的月平均工资的 30% 低于劳动合同履行地最低工资标准的,按照劳动合同履行地最低工资标准支付。

第三十七条 当事人在劳动合同或者保密协议中约定了竞业限制和经济补偿,当事人解除劳动合同时,除另有约定外,用人单位要求劳动者履行竞业限制义务,或者劳动者履行了竞业限制义务后要求用人单位支付经济补偿的,人民法院应予支持。

2.《深圳经济特区企业技术秘密保护条例》

第二十四条 竞业限制协议约定的补偿费,按月计算不得少于该员工离开企业前最后十二个月月平均工资的二分之一。约定补偿费少于上述标准或者没有约定补偿费的,补偿费按照该员工离开企业前最后十二个月月平均工资的二分之一计算。

(二)用人单位未按约定支付补偿费的,劳动者的竞业限制义务并不自动免除

实践中,劳动者往往存在这样的误区:用人单位与劳动者双方签订竞业限制协议后,用人单位没有按照约定支付经济补偿的,劳动者一方就无须再承担竞业限制义务。实际上,用人单位未按照约定支付经济补偿的,劳动者并不自动免除其竞业限制义务,此时劳动者具有以下救济措施:(1)可以要求用人单位一次性支付尚未支付的经济补偿,并继续履行(竞业限制)协议;(2)可以请求解除竞业限制约定,或通知用人单位单方面解除竞业限制协议。

【真实案例】

参见深圳市中级人民法院(2013)深中法劳终字第2986号民事判决书

1. 案情概述

琪某激光厂系顾某个人投资设立的独资企业,企业主营刀模业务。张某是琪某激光厂业务经理,其与顾某于2013年1月31日签订《琪某激光厂辞职协议书》约定:"一、张某辞去琪某激光厂业务经理一职;二、补助张某528,000元,2013年1月31日付300,000元,余款分六期支付,最后一期的付款日期为2013年8月30日;三、张某在两年内不得从事刀模行业的任何工作,也不得协助其亲属、朋友从事刀模行业。一经发现,顾某可拒付补偿款及追究张某的法律责任。"

协议签订后,琪某激光厂向张某一次性支付了30万元,余款未付。

张某离职后,安排其妻子沈某梅担任另一刀模公司——华某激光刀模科技有限公司(于2013年8月30日成立)的监事,张某也代该公司签收过案外人深圳市君某兴包装器材有限公司发送的环球刀、细口刀等原材料,并代该公司向另一案外人龙岗区平湖某某印刷器材厂支付过原材料货款3800元。

琪某激光厂、顾某认为,张某的上述行为违反了竞业限制义务,要求张

某及其妻子立即停止在华某激光刀模科技有限公司的工作，同时拒绝支付补偿费余款。张某不服，遂申请劳动仲裁，要求琪某激光厂、顾某支付补偿款余额。

2. 裁判结果

深圳市中级人民法院经审理，判决张某与琪某激光厂签订的竞业限制协议继续有效，张某应在离职后两年内继续承担竞业限制义务；且因张某违反了竞业限制义务，琪某激光厂无须支付经济补偿费余款。

3. 裁判理由

第一，琪某激光厂与张某签订了《琪某激光厂辞职协议书》，即向张某支付了30万元的补偿款，并约定剩余补偿款的支付日期，属于双方当事人的真实意思表示，亦没有违反法律的强制性规定，具有法律效力。

第二，在用人单位未按约定期限支付竞业限制补偿的情况下，劳动者具有以下救济措施：（1）可以要求用人单位一次性支付尚未支付的经济补偿，并继续履行（竞业限制）协议；（2）可以请求解除竞业限制约定，或通知用人单位解除竞业限制协议。

第三，张某并未请求解除竞业限制约定，亦未通知用人单位解除竞业限制协议，而是要求琪某激光厂支付剩余的竞业限制补偿款。因此，可以推定张某仍要求继续履行双方之间的竞业限制协议，即张某在双方约定的劳动关系终止后的两年内仍具有履行竞业限制的相关义务。

第四，张某的近亲属在刀模企业中担任管理者（监事），且张某本人亦实际参与了该刀模企业的具体经营活动，上述事实已经表明张某有违反竞业限制义务的事实，应当就此承担相应的法律责任。

【律师点评】

用人单位与劳动者签订竞业限制协议后，如果用人单位未按照约定支付经济补偿费，劳动者不能简单地认为用人单位违约在先，从而自动免除竞业限制义务。如上所述，这种情形下劳动者具有如下两种救济措施：

1. 劳动者可以要求用人单位一次性支付尚未支付的经济补偿，并继续履行（竞业限制）协议

根据《深圳经济特区和谐劳动关系促进条例》第20条第2款的规定，用人单位未按照规定支付经济补偿费的，劳动者自用人单位违反约定之日起

30 日内,可以要求用人单位一次性支付尚未支付的经济补偿,并继续履行协议。

2. 劳动者可以通知用人单位解除竞业限制协议

根据《深圳经济特区和谐劳动关系促进条例》第 20 条第 2 款的规定,用人单位未按照前款规定支付经济补偿的,劳动者未在 30 日内要求一次性支付的,可以通知用人单位解除竞业限制协议。

如果劳动者没有采取以上两种救济方式,擅自违反竞业限制义务的,用人单位可以依据协议约定要求劳动者承担违约金并继续履行竞业限制义务。

【HR 实务】

用人单位与劳动者签订竞业限制协议后,应当按照约定支付经济补偿费。根据《劳动合同法》的规定,企业应在解除或者终止劳动合同后,按月支付竞业限制补偿。

需要特别指出的是,对于用人单位未依法支付竞业限制经济补偿,最高人民法院《关于审理劳动争议案件适用法律问题的解释(一)》与《深圳经济特区和谐劳动关系促进条例》等深圳市的地方性规定并不相同。具体的法律规定,参见下文的法律链接部分。一般来说,深圳作为特区,享有特区立法权。因此,在处理劳动争议案件时,深圳的相关规定应当优先适用。

【法律链接】

1. 最高人民法院《关于审理劳动争议案件适用法律问题的解释(一)》

第三十八条　当事人在劳动合同或者保密协议中约定了竞业限制和经济补偿,劳动合同解除或者终止后,因用人单位的原因导致三个月未支付经济补偿,劳动者请求解除竞业限制约定的,人民法院应予支持。

2. 人力资源和社会保障部、最高人民法院《关于劳动人事争议仲裁与诉讼衔接有关问题的意见(一)》

二十一、当事人在劳动合同或者保密协议中约定了竞业限制和经济补偿,劳动合同解除或者终止后,因用人单位的原因导致三个月未支付经济补偿,劳动者请求解除竞业限制约定的,劳动人事争议仲裁委员会、人民法院应予支持。

3.《深圳经济特区和谐劳动关系促进条例》

第二十条 对负有保密义务的劳动者,用人单位可以在劳动合同或者保密协议中与劳动者约定竞业限制条款,并约定在解除或者终止劳动合同后,在竞业限制期限内按月给予劳动者经济补偿。

用人单位未按照前款规定支付经济补偿的,劳动者自用人单位违反约定之日起三十日内,可以要求用人单位一次性支付尚未支付的经济补偿,并继续履行协议;劳动者未在三十日内要求一次性支付的,可以通知用人单位解除竞业限制协议。

4. 深圳市中级人民法院《关于审理劳动争议案件的裁判指引》

一百〇七、《深圳经济特区企业技术秘密保护条例》及《深圳经济特区和谐劳动关系条例》关于竞业限制的有关规定与最高人民法院《关于审理劳动争议案件适用法律若干问题的解释(三)》相应规定不一致的,优先适用深圳经济特区条例的相关规定。

(三)竞业限制协议约定的违约金过高的,法院将依据公平原则酌情予以调整

根据《劳动合同法》的相关规定,劳动者违反竞业限制义务的,应当按照竞业限制协议的约定向用人单位支付违约金。但违约金的具体支付标准,法律没有作出明确规定。企业应当遵循合理原则根据实际情况确定,如果约定的违约金过高,法院或劳动人事争议仲裁委员会将依据公平原则酌情予以调整,而非绝对以竞业限制协议的约定为准。

【真实案例】

参见深圳市中级人民法院(2014)深中法劳终字第 5123 号民事判决书

1. 案情概述

2004 年 7 月,江某入职深圳现某文化公司(以下简称文化公司)。文化公司的经营范围为教育软件、教育教具的开发与销售及教育教具的培训咨询等。

2008 年 9 月 6 日，双方签订一份自该日起生效的无固定期限劳动合同。合同第 9 条约定了江某需承担竞业限制义务，其中竞业限制范围为教育培训，期限为江某在职期间及解除或终止劳动合同后 5 年（法律另有规定的从法律规定的最长限期），竞业限制补偿金为每月 2000 元，在解除或终止劳动合同后在竞业限制期限内按月支付。江某若违反约定，应当一次性向文化公司支付违约金 30 万元并赔偿文化公司调查和处理违约事件的费用，造成文化公司损失的需赔偿。

2012 年 9 月，江某与其配偶徐某在湖北省荆州市开设了名为爱某教育的教育培训机构，法人代表为徐某，江某自称总经理。江某在荆州开展业务中大量盗用文化公司的经营成果，将文化公司的活动图片作为自己的成果向学生家长宣讲，非法牟利。

2013 年 1 月 11 日，文化公司以江某违反竞业限制义务为由，向深圳市罗湖区劳动人事争议仲裁委员会申请仲裁，要求江某支付违反竞业限制违约金 30 万元。

2. 裁判结果

该案经深圳市罗湖区人民法院一审、深圳市中级人民法院二审，最终认定：江某存在违反竞业限制义务的情形，依法应当向文化公司支付违约金；但竞业限制协议约定的违约金数额（30 万元）过高，法院酌情调整为 20 万元。

3. 裁判理由

第一，文化公司与江某签订的竞业限制协议合法有效，双方均应遵守。

（1）根据双方劳动合同约定的工作岗位及分红协议，江某属于高级管理人员，江某未能有效证明其在签订该协议时受到欺诈、胁迫或者存在乘人之危的情形，且劳动合同中有关保密条款及竞业限制条款未违反法律法规的强制性规定，应属合法有效。

（2）对于劳动合同中约定的竞业限制限期，超出法律规定的最长不得超过解除或者终止劳动合同后 2 年的期限，依照《深圳经济特区企业技术秘密保护条例》第 23 条的规定，超过部分无效，文化公司、江某之间的竞业限制期限应以解除或终止劳动合同后 2 年为准。

（3）对于竞业限制补偿费，《深圳经济特区企业技术秘密保护条例》第 24 条规定，约定补偿费少于员工离开企业前最后 12 个月平均工资的 1/2

的,按员工离开企业前最后 12 个月平均工资的 1/2 计算,文化公司、江某在劳动合同中约定竞业限制补偿费 2000 元,少于江某离职前 12 个月平均工资的 1/2 即 3036 元(72,873 元 ÷ 12 月 × 1/2),故竞业限制补偿费应当以 3036 元为准。

第二,江某存在违反竞业限制义务的情形,应当向文化公司支付违约金。

(1)依照《深圳经济特区企业技术秘密保护条例》《深圳经济特区和谐劳动关系促进条例》的相关规定,用人单位未按月支付竞业限制补偿费的,劳动者自用人单位违反约定之日起 30 日内,可以要求用人单位一次性支付尚未支付的经济补偿,并继续履行协议;劳动者未在 30 日内要求一次性支付的,可以通知用人单位解除竞业限制协议。据此,劳动者解除竞业限制协议不但要有解除的意思表示,而且该意思表示还必须是以明示的方式通知或告知,否则该协议并未解除。本案中,江某在实施竞业限制行为时并未通知文化公司解除该竞业限制协议,故仍应受该协议的约束。

(2)根据文化公司提交的荆州电视台关于《培训机构也傍名牌》的节目视频、教学活动照片等证据以及原审法院向荆州电视台、荆州市工商局经济检查支队调查的情况,结合江某与徐某之间的夫妻关系,并有文化公司自行拍摄的视频予以佐证,足以认定江某存在向爱某教育披露文化公司的相关教学活动资料及客户信息,并在爱某教育进行宣教、推广的情形,违反了双方关于保密及竞业限制义务的约定。

第三,竞业限制协议中约定的违约金标准过高,法院酌情调整为 20 万元。

江某 2011 年 6 月至 2012 年 5 月的应发工资总额为 6.68 万元,计得江某年收入约为 7.28 万元(66,800 元 ÷ 11 月 × 12 月)。法院结合江某的年收入水平、过错程度、违约情节等因素,酌情将违约金的标准由 30 万元调整为 20 万元:

(1)江某在文化公司的年收入水平。

(2)江某违反竞业限制协议的时间长短。江某于 2012 年 9 月设立爱某教育培训机构,经营与文化公司有竞争关系的业务。2013 年 1 月文化公司即向劳动人事争议仲裁委员会申请劳动仲裁,江某实施违反竞业限制义务的时间较短。江某的过错程度、违约情节较轻。

(3)江某违反竞业限制协议给文化公司造成的损失。文化公司开设教育培训面向的对象主要是深圳、武汉城市地区，江某从事竞争行业主要集中在湖北荆州，江某违反竞业限制协议给文化公司带来的竞争压力较小，给文化公司造成的损失也较小。

【律师点评】

实务中，用人单位在和劳动者签订竞业限制协议时，对于违反竞业限制协议的违约金标准，应当遵循合理原则并根据实际情况确定。约定的违约金过高的，法院或劳动人事争议仲裁委员会将依据公平原则酌情予以调整。

法院在调整过高违约金时，一般会根据案件的具体情形，以违约造成的损失为基准，综合合同履行程度、当事人的过错、预期利益、当事人缔约地位的强弱、是否适用格式合同或条款等多项因素，根据公平原则和诚实信用原则予以权衡。

【HR 实务】

违约金是双方当事人约定的如果一方不履行合同义务应当承担的法律责任。在劳动者违反竞业限制义务时，按照约定，一般需向用人单位支付违约金。但对于违约金的具体支付标准，现行法律并未作出任何规定。实务中，用人单位应当根据实际情况确定。如上述案例所述，如果违约金高于用人单位所遭受的实际损失，劳动人事争议仲裁委员会、法院将依据公平原则予以调整。

HR 在与劳动者协商确定违约金数额时，应当遵循公平、合理的原则，略高于当地法院已判案例支持的金额。避免因违约金约定过高，最终被劳动人事争议仲裁委员会、法院依法调低，反而得不偿失。

【法律链接】

1. 最高人民法院《关于适用〈中华人民共和国合同法〉若干问题的解释(二)》[1]

第二十九条 当事人主张约定的违约金过高请求予以适当减少的，人

〔1〕 该解释已于 2021 年 1 月 1 日废止，与《民法典》配套的相关解释尚未出台，法条内容可参考。

民法院应当以实际损失为基础,兼顾合同的履行情况、当事人的过错程度以及预期利益等综合因素,根据公平原则和诚实信用原则予以衡量,并作出裁决。

当事人约定的违约金超过造成损失的百分之三十的,一般可以认定为合同法第一百一十四条第二款规定的“过分高于造成的损失”。

2. 最高人民法院《关于当前形势下审理民商事合同纠纷案件若干问题的指导意见》

7. 人民法院根据合同法第一百一十四条第二款调整过高违约金时,应当根据案件的具体情形,以违约造成的损失为基准,综合衡量合同履行程度、当事人的过错、预期利益、当事人缔约地位强弱、是否适用格式合同或条款等多项因素,根据公平原则和诚实信用原则予以综合权衡,避免简单地采用固定比例等“一刀切”的做法,防止机械司法而可能造成的实质不公平。

(四)用人单位为员工提供一般岗前培训的,不得约定服务期

《劳动合同法》规定,用人单位为劳动者提供专项培训费用,对其进行专业技术培训的,可以与该劳动者约定服务期。在用工实践中,用人单位为员工提供的安全卫生教育、岗前培训等义务性培训,不得与劳动者约定服务期;已约定服务期的,该约定无效,劳动者违反服务期规定时无须支付违约金。

【真实案例】

参见上海市第一中级人民法院(2012)沪一中民三(民)终字第1311号民事判决书

1. 案情概述

张某于2011年7月21日进入北京某甲公司(以下简称甲公司)工作,双方签订了为期3年的劳动合同,其中前6个月为试用期。

劳动合同约定,张某担任储备店长一职。甲公司对张某进行职业技

术、安全卫生、规章制度等必要的教育与培训,张某需认真参加甲公司组织的各项必要的教育培训并与公司签订服务期协议。服务期协议的主要内容为:

"1. 甲公司在张某入职伊始,为其提供为期三个月的店长训练营——专项业务管理理论和现场学习培训,培训日期自2011年7月18日起至2011年10月18日止;

2. 培训费用由甲公司提供,费用包含:相关资料费、讲师费、交通费、住宿费等与培训相关的费用……

……

6. 张某参加培训,应为甲公司服务不少于三年,即2011年7月18日起至2014年7月17日止。"

劳动合同还约定,张某在服务期内提出辞职,或由于张某的原因致使劳动合同无法履行的,张某应向甲公司退还培训期间所得工资,退还金额计算公式:未满1年离职须退还金额=10,000元/月×3月=30,000元。

2011年10月18日,张某向甲公司递交离职申请单,离职原因载明为"个人原因"。同年10月20日,张某办理离职手续。

2012年2月27日,甲公司以张某违反服务期约定为由向上海市劳动人事争议仲裁委员会申请仲裁,要求张某退还30,000元,并赔偿培训费5000元。该仲裁委员会对甲公司的仲裁请求不予支持。甲公司不服仲裁裁决,以相同请求诉至上海市闵行区人民法院。

2. 裁判结果

该案经上海市第一中级人民法院终审认定:甲公司为张某提供为期3个月的店长专项业务管理理论和现场学习培训是一般义务性培训,并非专项技术培训,不得与张某约定服务期。同时,其主张张某违反服务期协议之约定要求退还工资之诉请,缺乏依据,不予支持。

3. 裁判理由

(1)双方劳动合同约定,甲公司对张某进行职业技术、安全卫生、规章制度等必要的教育与培训。对员工进行该类性质的义务培训是用人单位的法定义务,用人单位不得因此与劳动者约定服务期。

(2)双方签订的服务期协议约定,甲公司为张某提供为期3个月的店长训练营——专项业务管理理论和现场学习培训。但甲公司并未提供充分有效之证据证明其为张某提供了专项培训费用,对其进行了专业技术培训,甲公司主张张某违反服务期协议之约定并要求退还工资之诉请,缺乏依据。

【律师点评】

《劳动合同法》第 22 条规定,用人单位为劳动者提供专项培训费用,对其进行专业技术培训的,可以与该劳动者订立协议,约定服务期。劳动者违反服务期约定的,应当按照约定向用人单位支付违约金。由此可见,约定服务期需同时满足两个条件:(1)用人单位提供了培训费用;(2)用人单位提供的是专业技术培训。

专业技术培训与用人单位按照法律要求为劳动者提供的义务性培训不同。对员工进行义务性培训,是用人单位的法定义务,包括安全卫生教育、岗前培训或转岗培训等。例如,本案中甲公司为张某提供的店长训练营——专项业务管理理论和现场学习培训,即属于岗前培训,属义务性培训范畴,甲公司不得因此与张某约定服务期。

【HR 实务】

根据《劳动合同法》的规定,用人单位为劳动者提供专项培训费用,对其进行专项技术培训的,可以与该劳动者约定服务期。对于“专项培训费用”和“专项技术培训”,在实务中应当注意把握以下两点:

1. 用人单位需承担培训费用

一般认为,用人单位应当委托具有培训、教育资质的第三方对劳动者进行培训,培训费用应当是第三方出具的劳动者参加培训费用的支出凭证。根据《劳动合同法实施条例》的规定,培训费用包括用人单位承担的有凭证的培训费用、培训期间的差旅费用以及因培训产生的用于该劳动者的其他直接费用。

2. 用人单位为劳动者提供的是除义务性培训以外的专业技术培训

义务性培训,是指用人单位为劳动者提供的为适应该岗位所必需的培训,如安全卫生教育、岗前培训、转岗培训等。专业技术培训,是指用人单位为员工提供的专业知识和职业技能培训,一般包括:(1)委托院校、科研机构、培训机构等第三方有教育、培训资质的机构代为培训;(2)学历教育;

(3)专项能力培训,如外语能力培训、专业职称培训等;(4)出国或异地培训,如进修、研修、出国访问等。

【法律链接】

1.《劳动合同法》

第二十二条 用人单位为劳动者提供专项培训费用,对其进行专业技术培训的,可以与该劳动者订立协议,约定服务期。

劳动者违反服务期约定的,应当按照约定向用人单位支付违约金。违约金的数额不得超过用人单位提供的培训费用。用人单位要求劳动者支付的违约金不得超过服务期尚未履行部分所应分摊的培训费用。

用人单位与劳动者约定服务期的,不影响按照正常的工资调整机制提高劳动者在服务期期间的劳动报酬。

2.《劳动合同法实施条例》

第十六条 劳动合同法第二十二条第二款规定的培训费用,包括用人单位为了对劳动者进行专业技术培训而支付的有凭证的培训费用、培训期间的差旅费用以及因培训产生的用于该劳动者的其他直接费用。

(五)用人单位提供住房、解决户口的,不能与劳动者约定服务期或违约金

根据《劳动合同法》的规定,用人单位为劳动者提供专项培训费用,进行专业技术培训的,可以与劳动者约定服务期;劳动者违反服务期约定的,应当按照约定向用人单位支付违约金。实践中,在北京、上海、广州、深圳等城市中,住房、户口等资源稀缺,企业为了留住人才,往往以提供住房、解决户口,或其他特殊福利待遇为条件,与劳动者签订协议约定服务期和违约金。

但需要注意的是,用人单位提供专项培训费用、进行专业技术培训是约定服务期的唯一法定条件。用人单位提供住房、解决户口等特殊待遇的,不得与劳动者约定服务期或违约金。

【真实案例】

参见北京市第三中级人民法院(2015)三中民终字第12051号民事判决书

1. 案情概述

2011年8月4日,雷某硕士毕业后通过校园招聘进入福某戴姆勒公司(以下简称福某公司)工作。入职后,雷某和福某公司签订协议,大致内容为:福某公司为雷某办理入京户口,作为对价,雷某应在公司干满5年,如若干不满5年,须向公司支付5万元的户口违约金;如若只工作满3年,须向公司支付2万元户口违约金,以此类推。

2015年1月24日,雷某提出离职申请,福某公司在为其办理离职手续时要求雷某支付1.5万元的违约金。如果不支付,就不出具离职证明、不办理相关离职手续。雷某不服,向北京市怀柔区人民法院提起诉讼,要求:"1. 判决签订的户口违约金协议无效;2. 判决福某公司给雷某出具解除或终止劳动合同的证明;3. 本案诉讼费用由福某公司负担。"

福某公司在一审中提出反诉:雷某于2011年8月12日出具承诺书,以在福某公司履行5年劳动合同或支付赔偿款的方式向福某公司提出申请,申办北京户籍。福某公司考虑雷某承诺的前提下,依据国家及北京市关于落户政策的规定,基于对雷某的充分信赖,在目前北京市户口指标极度稀缺的情况下,为其办理了北京户口。但雷某违反承诺,违背诚实信用原则,在得到北京户口后要求离开福某公司且不对福某公司作出任何赔偿。福某公司反诉要求雷某履行承诺书的义务,赔偿福某公司损失1.5万元。

2. 裁判结果

北京市第三中级人民法院终审认定:双方签订的户口协议书违反《劳动合同法》的规定,应属无效。但进京指标属于社会稀缺资源,雷某的辞职行为确实给福某公司在引进人才等方面造成一定的损失,酌定其赔偿福某公司损失1万元。

3. 裁判理由

(1)福某公司为雷某办理户口不符合约定服务期的法定条件,双方签订的户口协议违反了《劳动合同法》的强制性规定,属于无效。

《劳动合同法》第22条规定,用人单位为劳动者提供专项培训的,用人单位可与劳动者约定服务期及相应违约金。第23条规定,对负有保密义务的劳动者,用人单位可与劳动者约定竞业限制及相应违约金。第25条规定,除本法第 22 条和第 23 条规定的情形外,用人单位不得与劳动者约定由劳动者承担违约金。故双方签订的户口协议中关于“户口进京”违约金的约定,违反上述法律规定,应属无效。

(2)雷某的辞职行为违反了诚实信用原则,给福某公司造成了一定损失,应予赔偿。

进京指标属于社会稀缺资源,雷某作为完全民事行为能力人对此明知并应知晓签署协议书的行为后果。其辞职行为确实给福某公司在引进人才等方面造成一定的损失,法院根据雷某未满服务期及福某公司需要招聘同岗位人员所需支出等情形,酌定其赔偿福某公司损失 1 万元。

【律师点评】

北京、上海等一线城市的户口资源紧张,有用人单位为了留住人才,不惜与某些特殊员工签订协议,愿意提供本单位资源给员工办理本市户口,但员工需在本单位服务一定年限作为回报。但如前所述,用人单位提供专项培训费用、进行专业技术培训是约定服务期的唯一法定条件。类似协议因与法律规定抵触,应归于无效。

但出于公平原则考量,适当平衡用人单位方的利益,这些地方的仲裁委员会、法院等司法机构在法律框架内也作了相应规定,适当兼顾用人单位的利益。例如,北京市高级人民法院、北京市劳动争议仲裁委员会《关于劳动争议案件法律适用问题研讨会会议纪要》第 33 条规定,用人单位为其招用的劳动者办理了本市户口,双方据此约定了服务期和违约金,用人单位以双方约定为依据要求劳动者支付违约金的,不应予以支持。确因劳动者违反了诚实信用原则,给用人单位造成损失的,劳动者应当予以赔偿。

【HR 实务】

根据《劳动合同法》的规定,用人单位提供专项培训费用,进行专业技术培训是约定服务期的唯一情形和条件。用人单位提供住房、解决户口,或者提供其他福利待遇的,不是与劳动者约定服务期的法定条件,这样的协议也因违反了《劳动合同法》的强制性规定而归于无效。

用人单位提供住房、解决户口,或者提供其他福利待遇的情形主要发生在北京、上海等住房、户口资源稀缺的一线城市。这些地区为平衡用人单位的利益,如果用人单位为劳动者提供了上述特殊福利待遇,而劳动者又违反了诚实信用原则给用人单位造成损失的,劳动者应予赔偿。

【法律链接】

1.《劳动合同法》

第二十二条 用人单位为劳动者提供专项培训费用,对其进行专业技术培训的,可以与该劳动者订立协议,约定服务期。

劳动者违反服务期约定的,应当按照约定向用人单位支付违约金。违约金的数额不得超过用人单位提供的培训费用。用人单位要求劳动者支付的违约金不得超过服务期尚未履行部分所应分摊的培训费用。

用人单位与劳动者约定服务期的,不影响按照正常的工资调整机制提高劳动者在服务期期间的劳动报酬。

第二十三条 用人单位与劳动者可以在劳动合同中约定保守用人单位的商业秘密和与知识产权相关的保密事项。

对负有保密义务的劳动者,用人单位可以在劳动合同或者保密协议中与劳动者约定竞业限制条款,并约定在解除或者终止劳动合同后,在竞业限制期限内按月给予劳动者经济补偿。劳动者违反竞业限制约定的,应当按照约定向用人单位支付违约金。

第二十五条 除本法第二十二条和第二十三条规定的情形外,用人单位不得与劳动者约定由劳动者承担违约金。

2.《劳动合同法实施条例》

第十六条 劳动合同法第二十二条第二款规定的培训费用,包括用人单位为了对劳动者进行专业技术培训而支付的有凭证的培训费用、培训期间的差旅费用以及因培训产生的用于该劳动者的其他直接费用。

(六)企业存在违法情形下,员工可解除服务期劳动合同,无须支付违约金

《劳动合同法》规定,劳动者违反服务期约定的,应当按照约定向用人单

位支付违约金。但在企业存在《劳动合同法》第 38 条规定的违法情形时，劳动者可依法解除劳动合同，不属于违反服务期的约定，用人单位无权要求员工支付违约金。

【真实案例】

参见北京市第三中级人民法院(2015)三中民终字第 03503 号民事判决书

1. 案情概述

北京大某熊商务航空有限责任公司(以下简称大某熊航空公司)于 2011 年 7 月 21 日成立，张某于 2011 年 12 月 14 日与大某熊航空公司建立劳动关系，双方订立了劳动合同，并签署了《员工培训服务协议》。

《员工培训服务协议》约定培训内容为机务维修(飞行改装、机务维修、运行控制、乘务培训)；培训费用包括培训费、差旅费、培训期间公司正常支付给乙方的薪资待遇等；甲方(大某熊航空公司)保证在张某完成培训任务后，安排在适合的工作岗位或职务，并给予相应的薪酬待遇。乙方(张某)保证在培训期结束后，回到甲方(大某熊航空公司)参加工作，服从甲方分配，胜任工作岗位(或职务)，服务期限为 10 年；乙方培训期结束回到甲方工作后，未达到协议约定的服务期限，乙方赔偿部分培训费用，服务期不满 2 年的，赔偿全部培训费用的 90%。

张某入职时担任安全质量监察部职工，于 2013 年 1 月 22 日开始担任安全质量监察部安全督查室经理。2013 年 7 月 16 日，大某熊航空公司下发了《关于张某免职并转岗的通知》，决定免去张某安全质量监察部安全督查室经理职务，退回人资行政部另行择岗。张某的工资标准自 2013 年 8 月开始降为每月 5000 元，自 2013 年 12 月开始降为每月 4000 元。

张某对于大某熊航空公司调岗降薪的决定不服，向大某熊航空公司发出《关于解除合同的告知函》。随后向北京市顺义区劳动人事争议仲裁委员会申请仲裁，要求大某熊航空公司支付扣减的工资差额及相应的经济补偿金。

大某熊航空公司提出反诉，主张张某违反员工培训服务协议，要求裁决张某赔偿其公司培训费用的 90%，即 46.9 万元。

2. 裁判结果

该案经北京市第三中级人民法院终审审理认定：大某熊航空公司对张某调岗降薪的行为构成违法，需补足扣减的工资，并承担相应的经济补偿金;张某因此提出被迫离职理由正当,不属于违反服务期的约定,无须承担违约金。

3. 裁判理由

(1)张某向大某熊航空公司发出的《关于解除合同的告知函》中显示,张某系以大某熊航空公司违反劳动合同条款、致使劳动合同无法继续履行为由提出解除。本案中,大某熊航空公司在没有充足理由的情况下为张某调整工作岗位,安排其待岗,没有为张某提供合适的工作岗位,并大幅降低张某工资标准,属于《劳动合同法》规定的用人单位未按照劳动合同约定提供劳动条件的情形,张某以此为由提出解除劳动关系,大某熊航空公司应支付张某解除劳动关系经济补偿金,张某要求支付解除劳动合同经济补偿金的数额符合法律规定,予以支持。

(2)《劳动合同法实施条例》第 26 条第 1 款规定:"用人单位与劳动者约定了服务期,劳动者依照劳动合同法第三十八条的规定解除劳动合同的,不属于违反服务期的约定,用人单位不得要求劳动者支付违约金。"张某提出与大某熊航空公司解除劳动关系,法院认定张某的解除理由符合《劳动合同法》第 38 条规定的情形,在此情况下大某熊航空公司向张某主张违约金没有法律依据,法院对其请求不予支持。

【律师点评】

服务期制度对于企业来说是一柄"双刃剑"。对于制度健全、运营合法的企业来说,与特殊员工签订服务期协议,是企业人力资源增值、留住人才的好方法;但对于制度不健全、企业运营各环节存在违规情形的企业来说,员工在享受了培训费用、专业技术培训之后,仍可以用人单位违法为由提出离职。如在本案中,大某熊航空公司不仅不能主张履行原服务期协议,还需依法支付张某解除劳动合同经济补偿金。

【HR 实务】

企业与劳动者签订服务期协议,为劳动者提供专项技术培训,是提高劳动者素质的重要手段。通过培训,企业可以培养出适合本单位的人才,从而进一步提升企业的管理水平和竞争能力。但《劳动合同法实施条例》第 26 条第 1 款规定:"用人单位与劳动者约定了服务期,劳动者依照劳动合同法

第三十八条的规定解除劳动合同的,不属于违反服务期的约定,用人单位不得要求劳动者支付违约金。”

上述案例给企业敲响了警钟:用工和劳动关系管理,需在合法性的前提下进行。否则,不仅企业的培训投入付诸东流,企业还可能因此承担高昂的违法成本。

【法律链接】

1.《劳动合同法》

第三十八条 用人单位有下列情形之一的,劳动者可以解除劳动合同:

(一)未按照劳动合同约定提供劳动保护或者劳动条件的;

(二)未及时足额支付劳动报酬的;

(三)未依法为劳动者缴纳社会保险费的;

(四)用人单位的规章制度违反法律、法规的规定,损害劳动者权益的;

(五)因本法第二十六条第一款规定的情形致使劳动合同无效的;

(六)法律、行政法规规定劳动者可以解除劳动合同的其他情形。

用人单位以暴力、威胁或者非法限制人身自由的手段强迫劳动者劳动的,或者用人单位违章指挥、强令冒险作业危及劳动者人身安全的,劳动者可以立即解除劳动合同,不需事先告知用人单位。

2.《劳动合同法实施条例》

第二十六条 用人单位与劳动者约定了服务期,劳动者依照劳动合同法第三十八条的规定解除劳动合同的,不属于违反服务期的约定,用人单位不得要求劳动者支付违约金。

有下列情形之一,用人单位与劳动者解除约定服务期的劳动合同的,劳动者应当按照劳动合同的约定向用人单位支付违约金:

(一)劳动者严重违反用人单位的规章制度的;

(二)劳动者严重失职,营私舞弊,给用人单位造成重大损害的;

(三)劳动者同时与其他用人单位建立劳动关系,对完成本单位的工作任务造成严重影响,或者经用人单位提出,拒不改正的;

(四)劳动者以欺诈、胁迫的手段或者乘人之危,使用人单位在违背真实意思的情况下订立或者变更劳动合同的;

(五)劳动者被依法追究刑事责任的。

八、工 资 薪 酬

（一）拒不支付劳动者工资报酬，可追究刑事责任

因整体经济的下行压力较大，企业拖欠劳动者工资报酬的案件时有发生，部分案件还造成较大的社会影响。为此，国家通过立法对企业拖欠劳动者工资报酬的行为进行打击，增加设置了拒不支付劳动报酬罪。企业拒不支付劳动者劳动报酬可能会被追究刑事责任。

【真实案例】

参见深圳市宝安区人民法院（2015）深宝法龙刑初字第98号刑事判决书

1. 案情概述

被告人裴某甲与其父亲裴某乙出资成立了深圳市维某光电有限公司（以下简称维某公司），由裴某乙出任法定代表人，裴某甲负责实际的经营、管理。2014年3月，由于裴某甲经营不善，公司持续亏损，开始多月拒不支付劳动报酬。2014年7月8日，裴某甲一纸公告宣布公司无法经营下去并提前解散公司，致使公司全面停工，引发大规模员工集体抗议。在深圳市龙华新区观澜办事处劳动管理办公室介入处理后，裴某甲仍无法支付员工薪资，且拒不支付员工的劳动报酬，并于当月潜逃至黑龙江省。经调查，裴某甲因解散公司造成拖欠505名员工共计2,299,949.26元的工资。2014年8月13日，裴某甲被黑龙江省警方抓获。

2. 裁判结果

深圳市中级人民法院判决，裴某甲犯拒不支付劳动报酬罪，判处有期徒刑1年6个月，并处罚金1万元。

3. 裁判理由

深圳市中级人民法院认为，被告人裴某甲无视国家法律，以逃匿方法逃避支付劳动者的报酬，数额较大，经政府有关部门责令支付仍不支付，其行为已构成拒不支付劳动报酬罪。公诉机关指控的罪名成立。鉴于被告人裴某甲归案后如实供述自己的犯罪事实，可以从轻处罚。

【律师点评】

本案是典型的因拖欠劳动者工资报酬而被追究刑事责任的案件。依据2011年5月1日起施行的《刑法修正案(八)》第41条的规定，"以转移财产、逃匿等方法逃避支付劳动者的劳动报酬或者有能力支付而不支付劳动者的劳动报酬，数额较大，经政府有关部门责令支付仍不支付的行为"构成拒不支付劳动报酬罪，也就是通常所说的恶意欠薪。

应该说，国家打击拒不支付劳动报酬行为的力度在不断加大。《刑法修正案(八)》将部分拒不支付劳动报酬的行为"入刑"，就是在加大对劳动者获得报酬的合法权益的保护力度。

根据最高人民法院《关于审理拒不支付劳动报酬刑事案件适用法律若干问题的解释》的规定，恶意欠薪包括隐匿财产、恶意清偿、虚构债务、虚假破产、虚假倒闭或者以其他方法转移、处分财产；逃跑、藏匿；隐匿、销毁或者篡改账目、职工名册、工资支付记录、考勤记录等与劳动报酬相关的材料等情形。行为人有上述恶意欠薪的行为，且数额较大的，经人力资源和社会保障部门或者政府其他有关部门依法以限期整改指令书、行政处理决定书等文书责令支付劳动者的劳动报酬后，在指定的期限内仍不支付的，即可追究其刑事责任。

本案中，裴某甲明知拖欠员工巨额工资，仍提前解散公司；经当地劳动部门介入后，其仍不向员工支付所拖欠的工资，随后甚至逃匿。裴某甲的行为已完全符合拒不支付劳动报酬罪的要件，依法应追究其刑事责任。

【HR实务】

拒不支付劳动报酬罪的前提条件是恶意逃避，因此企业无须"谈虎色变"。如企业因经营不善等原因出现无法支付员工工资的情形，应积极面对，主动向员工做好解释与安抚工作，并积极与劳动部门保持联系，同时想尽一切办法筹集资金向员工发放工资。

相应的,企业也一定不要抱有侥幸心理,采取转移或隐匿财产、逃匿等行为逃避向劳动者支付工资报酬。否则,法定代表人、实际负责人(控制人)等均会被追究刑事责任,同时企业还将面临罚金的处罚。

【法律链接】

1.《刑法》

第二百七十六条之一 以转移财产、逃匿等方法逃避支付劳动者的劳动报酬或者有能力支付而不支付劳动者的劳动报酬,数额较大,经政府有关部门责令支付仍不支付的,处三年以下有期徒刑或者拘役,并处或者单处罚金;造成严重后果的,处三年以上七年以下有期徒刑,并处罚金。

单位犯前款罪的,对单位判处罚金,并对其直接负责的主管人员和其他直接责任人员,依照前款的规定处罚。

有前两款行为,尚未造成严重后果,在提起公诉前支付劳动者的劳动报酬,并依法承担相应赔偿责任的,可以减轻或者免除处罚。

2.最高人民法院《关于审理拒不支付劳动报酬刑事案件适用法律若干问题的解释》

第一条 劳动者依照《中华人民共和国劳动法》和《中华人民共和国劳动合同法》等法律的规定应得的劳动报酬,包括工资、奖金、津贴、补贴、延长工作时间的工资报酬及特殊情况下支付的工资等,应当认定为刑法第二百七十六条之一第一款规定的"劳动者的劳动报酬"。

第二条 以逃避支付劳动者的劳动报酬为目的,具有下列情形之一的,应当认定为刑法第二百七十六条之一第一款规定的"以转移财产、逃匿等方法逃避支付劳动者的劳动报酬":

(一)隐匿财产、恶意清偿、虚构债务、虚假破产、虚假倒闭或者以其他方法转移、处分财产的;

(二)逃跑、藏匿的;

(三)隐匿、销毁或者篡改账目、职工名册、工资支付记录、考勤记录等与劳动报酬相关的材料的;

(四)以其他方法逃避支付劳动报酬的。

第四条 经人力资源社会保障部门或者政府其他有关部门依法以限期

整改指令书、行政处理决定书等文书责令支付劳动者的劳动报酬后，在指定的期限内仍不支付的，应当认定为刑法第二百七十六条之一第一款规定的“经政府有关部门责令支付仍不支付”，但有证据证明行为人有正当理由未知悉责令支付或者未及时支付劳动报酬的除外。

行为人逃匿，无法将责令支付文书送交其本人、同住成年家属或者所在单位负责收件的人的，如果有关部门已通过在行为人的住所地、生产经营场所等地张贴责令支付文书等方式责令支付，并采用拍照、录像等方式记录的，应当视为“经政府有关部门责令支付”。

（二）劳动者主张加班工资的，对加班事实负有举证义务

加班工资的争议，是劳动争议案件中最常见的争议之一。劳动者主张加班工资的前提是存在加班的事实，劳动者负有对加班事实的举证义务。

【真实案例】

参见深圳市中级人民法院（2015）深中法劳终字第2879号民事判决书

1. 案情概述

郭某入职深圳市利某行贸易有限公司（以下简称利某行公司）之后，公司一直未与郭某签订劳动合同。2014年9月，郭某就劳动合同的签订与加班工资事宜与利某行公司发生争议，据此提出被迫辞职。辞职之后，郭某依法申请劳动仲裁并提起诉讼，要求公司支付其加班工资和未签劳动合同的二倍工资差额。

2. 裁判结果

深圳市中级人民法院判决，郭某要求利某行公司支付加班工资的请求没有法律依据，不予支持。

3. 裁判理由

深圳市中级人民法院认为，根据最高人民法院《关于审理劳动争议案件

适用法律若干问题的解释(三)》第9条[1]的规定,“劳动者主张加班费的,应当就加班事实的存在承担举证责任。但劳动者有证据证明用人单位掌握加班事实存在的证据,用人单位不提供的,由用人单位承担不利后果。”据此,劳动者应对加班事实承担举证责任。

本案中,劳动者主张的加班费包括周末加班及节假日加班两部分,利某行公司主张郭某不存在加班的情形,并且郭某亦未能提供证据证明利某行公司存在掌握加班事实的相关证据却不提供的情形。在此情况下,郭某作为劳动者,未能提供证据证明其在用人单位工作期间存在加班的事实,应当承担举证不能的不利法律后果。原审判决据此驳回上诉人郭某关于加班工资的诉讼请求,符合法律规定,依法予以维持。

【律师点评】

劳动争议中关于加班费的争议,必须要证明存在加班的事实,否则加班费就无从谈起。如上文所述,最高人民法院《关于审理劳动争议案件适用法律若干问题的解释(三)》第9条的规定,对加班事实的举证责任分配进行了明确规定,采取了存在加班事实的一般举证责任分配规则与特殊举证责任分配规则相结合的原则。

一般举证责任分配上,劳动者应承担提供初步证据证明存在加班事实的责任,这里的初步证据包括考勤表复印件、工资条、多名证人的证言等。如果劳动者提供不了初步证据证明存在加班事实,根据“谁主张,谁举证”的规则,劳动者就应该承担举证不能的法律后果。

特殊举证责任分配即举证责任倒置,是指如果劳动者有证据证明用人单位掌握加班事实存在的证据,举证责任就转移至用人单位,对于是否存在加班的事实,就应该由用人单位提供证据证明。劳动者因提供了证据证明该证据由用人单位掌握,其对加班事实的证明责任就被免除了。如果用人单位不提供或者不能提供由其掌握的存在加班事实的证据,该用人单位就要承担相应的不利后果,即法院会直接认定存在加班的事实。

本案中,利某行公司否认郭某存在加班的情形,而郭某不仅未能提供证

---

[1] 该解释已于2021年1月1日废止,对应内容参见最高人民法院《关于审理劳动争议案件适用法律问题的解释(一)》第42条的规定。

据证明存在加班的事实，亦未能提供证据证明利某行公司存在掌握加班事实的相关证据而不提供。据此，法院依法驳回了郭某主张加班工资的诉讼请求。

【HR 实务】

虽然法律加大了劳动者对加班事实的举证义务，但这并不意味着企业无须规范其考勤制度。相反，企业更应加强考勤制度的建设，从根本上防范因加班工资引发劳动争议的法律风险，主要工作包括：

(1)完善考勤记录。企业的考勤记录，应全面记载劳动者的上下班时间、迟到及早退时间与加班时间等。

(2)要求劳动者签字确认考勤记录。考勤周期结束后，企业应要求员工本人对考勤记录进行签字确认。

(3)妥善保管考勤记录。根据相关法律法规的规定，企业对考勤记录有两年的保管义务。因此，企业应加强考勤记录、加班审批单与请假条等相关考勤文件的存档管理，以免毁损与丢失。

【法律链接】

1.《深圳市员工工资支付条例》

第十五条 用人单位支付工资应当制作工资支付表。

工资支付表应当有支付单位名称、工资计发时段、发放时间、员工姓名、正常工作时间、加班时间、正常工作时间工资、加班工资等应发项目以及扣除的项目、金额及其工资账号等记录。

工资支付表至少应当保存两年。

用人单位支付员工工资时应当向员工提供一份本人的工资清单，并由员工签收。工资清单的内容应当与工资支付表一致，员工对工资清单表示异议的，用人单位应予以答复。

2. 最高人民法院《关于审理劳动争议案件适用法律问题的解释(一)》

第四十二条 劳动者主张加班费的，应当就加班事实的存在承担举证责任。但劳动者有证据证明用人单位掌握加班事实存在的证据，用人单位不提供的，由用人单位承担不利后果。

(三)约定月薪制工资的,无须另行支付加班工资

月薪制,或称包薪制,是指企业与劳动者约定月工资标准,如企业安排劳动者额外加班,将不再另行支付加班工资。这样的约定是否有效呢?

【真实案例】

参见深圳市中级人民法院(2015)深中法劳终字第1092号民事判决书

1. 案情概述

文某入职绿某科技(深圳)有限公司(以下简称绿某公司),劳动合同约定文某的劳动报酬为“计时工资2083.33元/月(月薪制,不核加班费)”。文某在职期间,绿某公司时有安排加班,但并未另行支付加班工资。

文某认为,绿某公司系拖欠其加班工资,据此提出被迫辞职,并申请劳动仲裁和提起诉讼,要求绿某公司支付其2011年8月1日至2014年5月26日平时及周末的加班工资及被迫辞职的经济补偿金。

绿某公司主张,劳动合同已明确约定实行月薪制工资,公司无须再另行支付文某加班工资。

2. 裁判结果

深圳市中级人民法院判决,文某要求绿某公司支付加班工资的请求没有法律依据,不予支持。

3. 裁判理由

深圳市中级人民法院认为,文某的劳动合同中明确约定劳动报酬为“计时工资2083.33元/月(月薪制,不核加班费)”,故文某在职期间实行的是包月制工资。文某主张其在签订该劳动合同时并非基于自愿平等的基础上约定薪资,而是在对方欺骗下所签,主张该劳动合同关于薪资的约定无效。法院认为,文某未能提供相关证据证明其所主张签订合同之情形,故其关于该劳动合同中薪资的约定无效的主张,于法无据,法院不予支持。

同时,根据双方劳动合同约定的工资进行核算,该时薪并不低于法定最低工资标准,而且文某亦未能举证其实际发放工资低于法定最低工资标准

之情形,原审认定双方关于月薪制的约定合法有效,对文某关于加班费的主张不予支持,于法不悖,法院予以维持。

【律师点评】

月薪制(包薪制)是一种通俗说法,是指在企业与劳动者约定了月工资标准的情况下,如企业安排劳动者额外加班的,企业将不再另行支付加班工资。这种工资制度是否存在法律风险,关键要看根据上述约定包含在月工资标准中的加班时间的多少。

深圳市中级人民法院《关于审理劳动争议案件的裁判指引》第62条规定:“劳动者与用人单位在签订劳动合同时约定的工资中注明‘已包含加班工资’或虽未书面约定实际支付的工资是否包含加班工资,但用人单位有证据证明已支付的工资包含了正常工作时间工资和加班工资的,劳动者的时薪为:时薪=约定工资÷(21.75天×8小时+约定包含在工资中的平时加班时间小时数×150%+约定包含在工资中的休息日加班时间小时数×200%+约定包含在工资中的法定节假日加班时间小时数×300%)。按上述方法计算出的劳动者的时薪低于当地最低工资标准的,该约定为无效;劳动者的工资应以最低工资标准为基本工资,超过法定工作时间为加班时间,加班工资以最低工资标准按法律规定标准计算。”

因此,企业实行月薪制(包薪制)的,应按上述方式对劳动者的时薪进行折算,以确定折算出来的时薪是否低于最低小时工资。如果低于最低小时工资,则存在拖欠加班工资的法律风险。

本案中,文某与绿某公司的劳动合同已约定月薪制,且根据折算的时薪也不低于最低小时工资。因此,文某要求绿某公司支付加班工资是没有法律依据的。

【HR实务】

企业选择实行月薪制的,至少应注意以下几个问题:

(1)合理确定实行月薪制的员工范围。月薪制并不是适合所有的员工。正常来说,月薪制比较适合加班时间较为固定且工资标准较高的员工。

(2)合法确定月薪标准。在确定月薪制的月薪标准时,应对月薪标准进行测算,经过折算的时薪,不得低于最低小时工资。

(3)在劳动合同中明确约定。企业确定实行月薪制的,应在与劳动者的劳动合同中明确约定。如未进行约定或约定不明确的,一旦发生争议,企业主张实行月薪制的很有可能不会得到支持。

【法律链接】

深圳市中级人民法院《关于审理劳动争议案件的裁判指引》

六十二、劳动者与用人单位在签订劳动合同时约定的工资中注明“已包含加班工资”或虽未书面约定实际支付的工资是否包含加班工资,但用人单位有证据证明已支付的工资包含了正常工作时间工资和加班工资的,劳动者的时薪为:时薪=约定工资÷(21.75天×8小时+约定包含在工资中的平时加班时间小时数×150%+约定包含在工资中的休息日加班时间小时数×200%+约定包含在工资中的法定节假日加班时间小时数×300%)。

按上述方法计算出的劳动者的时薪低于当地最低工资标准的,该约定为无效;劳动者的工资应以最低工资标准为基本工资,超过法定工作时间为加班时间,加班工资以最低工资标准按法律规定标准计算。

(四)用人单位可与劳动者约定正常工作时间工资的范围,同时约定加班工资计算基数

在用人单位与劳动者签订的劳动合同中,经常会出现这样的约定:“加班工资以正常工作时间工资为计算基数,奖金、津贴与补贴等不属于正常工作时间工资”。以上约定会出现不合理的情形,即劳动者因加班所获得的加班工资比正常出勤所获得的工资还要低。那么,劳动合同中的上述约定,是否有效呢?

【真实案例】

参见深圳市中级人民法院(2015)深中法劳终字第727号民事判决书

1.案情概述

赖某入职深圳市雅某眼镜制造厂(以下简称雅某眼镜厂),工资结构为

底薪 + 固定奖金 + 职务津贴。后因劳动报酬事宜双方发生争议，赖某据此提出辞职并提起诉讼，要求雅某眼镜厂支付克扣的加班工资。赖某认为，其工资结构包括底薪、固定奖金与职务津贴，但在计算加班工资时，雅某眼镜厂仅以基本工资为计算基数，因此存在不足额发放加班工资的情形。

2. 裁判结果

深圳市中级人民法院判决，雅某眼镜厂不存在未足额支付何某加班工资的情况，对赖某要求补发加班工资的请求不予支持。

3. 裁判理由

深圳市中级人民法院认为，赖某对雅某眼镜厂提交的考勤表记载的考勤时间无异议，仅对工资表加班工资计算基数有异议。根据劳动法律规定，用人单位安排劳动者加班或者延长工作时间，应当按照员工正常工作时间工资和相应时段的法定倍数支付劳动者加班或者延长工作时间的工资报酬，即加班工资的计算基数为劳动者正常工作时间工资。

《深圳市员工工资支付条例》第 4 条第 2 款规定："正常工作时间工资由用人单位和员工按照公平合理、诚实信用的原则在劳动合同中依法约定，约定的正常工作时间工资不得低于市人民政府公布的最低工资标准。"

本案中，雅某眼镜厂和赖某在劳动合同中约定的赖某正常工作时间工资不低于最低工资标准，工资单备注的时薪为同期最低小时工资，实得底薪亦由该时薪乘以实际正常上班天数构成。因此，雅某眼镜厂以双方约定的正常工作时间工资作为加班工资计算基数并不违反法律规定，赖某上诉主张应按照"底薪 + 固定奖金 + 职务津贴 1300 元"作为基数计算加班工资缺乏事实依据，法院不予支持。

【律师点评】

加班工资的计算基数，是加班工资争议中经常出现的争议焦点，尤其是在实行结构化工资的劳动者当中。劳动者往往会主张应按其应得工资为基数计算加班工资。但越来越多的企业在劳动合同中与劳动者约定以正常工作时间工资为基数计算加班工资，同时约定奖金、津贴等不属于正常工作时间工资。那么，这样的约定是否有效呢？

司法实践中，裁判机关往往认为这样的约定是有效的，因此，如果企业与劳动者在劳动合同中明确了正常工作时间工资的标准（不低于最低工资标准),并约定以正常工作时间工资为基数计算加班工资,同时约定奖金、津贴、补贴等项目不属于正常工作时间工资,这样的约定是合法有效的。

本案中,赖某与眼镜制造厂的劳动合同中约定正常工作时间工资不低于最低工资标准,且以约定的正常工作时间工资计算加班工资,并没有违反法律规定,是合法有效的。

【HR 实务】

为避免因加班工资计算基数发生争议,企业在与劳动者签订劳动合同时,应明确约定正常工作时间的工资标准,并约定正常工作时间工资的范围(可不包括奖金、津贴与补贴等),同时约定以正常工作时间工资为加班工资的计算基数。

如果没有约定加班工资计算基数,法院会将劳动者的全部应得工资认定为正常工资时间工资,并以此为基数计算劳动者的加班工资。

【法律链接】

1.《深圳市员工工资支付条例》

第四条 本条例所称正常工作时间工资,是指员工在正常工作时间内为用人单位提供正常劳动应得的劳动报酬。正常工作时间工资不包括加班工资,中班、夜班、高温、低温、井下、有毒有害等特殊工作条件下的补助以及按照规定不属于工资的其他费用。

正常工作时间工资由用人单位和员工按照公平合理、诚实信用的原则在劳动合同中依法约定,约定的正常工作时间工资不得低于市人民政府公布的最低工资标准。

2. 深圳市中级人民法院《关于审理劳动争议案件的裁判指引》

六十一、用人单位依据《劳动法》第四十四条的规定应向劳动者支付加班工资的,劳动者的加班工资计算基数应为正常工作时间工资;用人单位与劳动者约定奖金、津贴、补贴等项目不属于正常工作时间工资的,从其约定。但约定的正常工作时间工资低于当地最低工资标准的除外。

双方在劳动合同中约定了计发加班工资基数标准或从工资表中可看出计发加班工资基数标准,而用人单位也确实按照该标准计发了劳动者加班工资,并据此制作工资表,该工资表亦经劳动者签名确认的,只要双方的约定不低于最低工资标准，即可认定双方已约定以该计发加班工资基数标准为加班工资的计算基数。用人单位根据此标准计发给劳动者的工资符合法律规定的加班工资计算标准的，应认定用人单位已足额支付了加班工资。

（五）用人单位对年终奖的发放条件负有举证义务

在劳动者已举证证明企业有年终奖制度的情况下，用人单位经常会主张劳动者不符合年终奖的发放条件。根据"谁主张，谁举证"的举证规则，企业应就劳动者不符合年终奖发放条件的情形进行举证。

【真实案例】

参见深圳市中级人民法院（2015）深中法劳终字第3084号民事判决书

1. 案情概述

赵某系筑某设计股份有限公司（以下简称筑某公司）的员工。在职期间，双方就2014年的年终奖事宜发生争议。随后，赵某据此提出离职并提起诉讼，主张筑某公司应向其支付2014年1~4月的年终奖30,000元。

筑某公司主张公司虽存在年终奖金制度，但根据公司关于年终奖如何发放的规定及对赵某的考核，赵某不能够享受该年度的年终奖金。

2. 裁判结果

深圳市中级人民法院判决，筑某公司应向赵某支付2014年1~4月的年终奖。

3. 裁判理由

深圳市中级人民法院认为，筑某公司认可公司有年终奖金的设置，亦确认2014年1月26日向赵某发放的5万多元系2013年年终奖。上诉人筑某公司主张赵某不符合年终奖的支付条件，但其提供的考核情况系其单方制作，并无赵某签名确认，赵某亦不予认可，筑某公司应当承担举证不能的法律后果，法院对筑某公司的主张不予采纳。筑某公司应按赵某2014年实际工作时间向其支付年终奖金。

由于筑某公司没有提供关于奖金计发标准的证据，而赵某提交的录音证据及其 2013 年度工资发放数据可以相互印证,较为可信。现实中,劳动者与用人单位亦可能就劳动报酬约定总额,至于报酬为工资还是奖金,其性质并不影响劳动者获取劳动报酬的权利,原审采纳赵某关于年终奖金额的主张并无不妥,法院予以确认。

【律师点评】

在关于年终奖的争议案件中,年终奖的发放条件是较常见的争议焦点之一。具体来说,就是在劳动者已证明企业有年终奖制度或企业认可有年终奖制度的情况下,如企业主张劳动者不具备发放条件的,企业应当举证。

本案中,筑某公司主张赵某不符合年终奖的发放条件,但仅提交了其单方面制作的考核情况表,赵某对此也不予认可。筑某公司作为用人单位,在证据收集方面具有较大的优势,而且对劳动者的考核也是用人单位的工作之一。因此,根据上述原因,结合举证规则,法院不认可筑某公司的主张是正确的。

另外,本案还涉及年终奖金额的问题。既然筑某公司认可有年终奖的设置,但却无法提供具体的发放标准,法院根据赵某 2013 年的年终奖发放情况,再结合赵某在 2014 年的工作时间核算其年终奖的做法也是有法律依据的。

【HR 实务】

年终奖并非法律规定必须发放的薪酬,企业拥有充分的自主权决定是否发放以及如何发放。因此,企业如设置年终奖制度,至少应明确约定发放范围、发放条件、发放标准与发放时间等内容,尤其是发放条件与发放标准。

具体到发放条件,企业可参考劳动者的工作年限、工作表现等因素,但应制定规范的考核制度,并进行严格的考核。否则,一旦发生纠纷,企业必须就劳动者是否符合发放条件进行举证。

【法律链接】

《深圳市员工工资支付条例》

第十四条 员工工资应当从用人单位与员工建立劳动关系之日起计发

至劳动关系解除或者终止之日。

劳动关系解除或者终止时，员工月度奖、季度奖、年终奖等支付周期未满的工资，按照员工实际工作时间折算计发。

九、工 时 休 假

(一)加班未经审批,不是用人单位拒付劳动者加班工资的法定理由

实务中,部分企业会出现因劳动者消极怠工而导致加班的情形。于是,企业为了避免劳动者的此类非必要加班情况的出现,经常会设置加班审批制度,并认为凡是未经审批的加班,企业均无须支付加班工资。那么,加班审批制度是否可以作为企业拒付劳动者加班工资的法定事由呢?

【真实案例】

参见深圳市中级人民法院(2014)深中法劳终字第3196号民事判决书

1. 案情概况

曾某系深圳市利某龙城房地产开发有限公司(以下简称利某龙城公司)的员工,工作职位为司机,主要工作是驾驶员工接送班车。2013年11月,利某龙城公司以曾某存在长期消极怠工、不服从工作安排、拒不履行工作职责且经教育仍不改正等情形对其予以辞退。曾某主张公司违法解除劳动合同,要求公司支付加班工资与赔偿金。

曾某主张其在职期间每月上班22天,每天平均上班9小时(8:00～17:00),对此曾某提供了1份微电脑打卡记录作为证据。利某龙城公司对该微电脑打卡记录的真实性予以确认。根据该打卡记录显示,曾某上班打卡时间基本在8:00前后,下班打卡时间基本在17:30前后。在本案庭审中,曾某陈述其正常上班是9:00～17:30,其他接送员工的时间均应计算为加班时间。利某龙城公司主张曾某系司机,其主要职责是驾驶员工接送班车,不开车的时间不应计算为上班时间。且根据公司员工手册的规定,员工加班

必须经过审批。未经审批，不计为有效加班。同时，利某龙城公司提供的《工作交接清单》第 4 条规定：“每天车辆由太阳百货 8:10 发出，接员工到龙城地产上班。17:30 下班，把员工送到市里后，车辆必须停在太阳百货车库里。”

2. 裁判结果

深圳市中级人民法院认定，曾某在职期间确实存在加班的情形，利某龙城公司应支付曾某 2011 年 11 月 1 日至 2013 年 9 月 30 日的加班费共计 8280 元。

3. 裁判理由

深圳市中级人民法院认为，根据当事人的陈述及查明的事实，曾某在职期间确实存在加班的情形。原审判决据此认定曾某在 2013 年 10 月 10 日之前存在加班情形并酌定每日加班时间为 1 小时，2011 年 11 月 1 日至 2013 年 9 月 30 日，曾某共加班 500. 25 小时，加班费共计 8280 元符合法律规定，计算无误，依法予以维持。

关于利某龙城公司主张其员工手册中关于加班必须申报的规定，深圳市中级人民法院认为，员工手册中关于劳动者加班必须申报的规定，其目的是防止劳动者在非工作必需的情况下擅自加班并索取加班费，而不能以用人单位未批准加班为由拒绝支付劳动者正当加班而产生的加班费。本案酌定曾某每个工作日加班 1 小时，主要是用以接送其他员工上下班，属于合法的正当加班行为。因此，利某龙城公司以员工手册关于加班必须申报的规定为由，拒绝支付相关的加班费，缺乏法律依据，法院依法不予支持。

【律师点评】

本案中，深圳市中级人民法院根据曾某与利某龙城公司提供的证据，认定曾某确实存在加班的事实。利某龙城公司虽然主张员工手册规定员工加班的必须申报。但加班申报仅是公司内部的管理流程，目的是防止员工在非工作必需的情况下擅自加班并索取加班费。在员工确实存在加班的情况下，企业不能以加班未经审批为由拒绝支付员工正当加班而产生的加班费。

因此，企业是否需要支付加班工资，取决于员工是否有加班的事实。不过，加班审批制度虽然不能免除企业支付加班工资的义务，但在一定程度上还是能够减少员工无效加班、擅自加班的情形。

【HR实务】

应该说,加班审批制度对于避免员工故意延时来获取加班工资确实具有一定的作用,但需明确的是,加班审批制度并不是不付加班工资的"万能良药"。

因此,为规避因加班工资引发的法律风险,企业在设立加班审批制度的同时,更重要的是要建立完善的考勤管理制度,合理安排员工的工作时间,选取适合企业实际情况的考勤方式,加强员工的考勤管理工作(包括考勤统计与确认等)。如员工确实存在加班情形,企业应依法向员工支付加班工资。

【法律链接】

《深圳市员工工资支付条例》

第十八条 用人单位有下列情形之一的,应当按照下列标准支付员工加班工资:

(一)安排员工在正常工作时间以外工作的,按照不低于员工本人正常工作时间工资的百分之一百五十支付;

(二)安排员工在休息日工作,又不能安排补休的,按照不低于员工本人正常工作时间工资的百分之二百支付;

(三)安排员工在法定休假节日工作的,按照不低于员工本人正常工作时间工资的百分之三百支付。

(二)用人单位安排劳动者值班,可不支付加班工资

一些用人单位作为特殊行业,经常需要安排劳动者进行值班,因值班的"加班工资"导致劳动争议的情况屡见不鲜。但因为法律对值班并没有统一明确的规定,导致各地司法部门对值班是否需要支付加班工资的裁判标准也不一致。

【真实案例】

参见珠海市中级人民法院(2015)珠中法民一终字第447号民事判决书

1. 案情概述

胡某于2008年9月入职中山大学附属第×医院(以下简称中大第×医院),工作岗位为医生。胡某主张其在职期间,不仅存在白班加班的情形,还存在夜班值班的情形,但该医院均未足额支付加班工资。因此,胡某依法诉至法院。

关于胡某要求支付夜班值班的加班工资的请求,中大第×医院辩称,在值班期间,医院已为胡某提供了床铺供其休息,胡某仅在患者需要治疗时出诊工作,这与正常工作时间和加班时间的劳动强度不一样,此值班不等于加班;而且,胡某在职期间一直有领取值班费却没有提出异议,视为其认可。因此,胡某作为医生,值班就是法律和行业职业特点赋予其的义务,且中大第×医院采取了在支付值班费的同时还安排补休的双重补偿形式,胡某要求额外的加班费显然于法无据。

2. 裁判结果

珠海市中级人民法院判决,中大第×医院向上夜班的医生发放值班费,胡某认可其知晓关于值班费的规定,并认可已领取了值班费。故其向中大第×医院主张夜班加班费没有事实和法律依据,中大第×医院无须向胡某支付夜班的加班工资。

3. 裁判理由

珠海市中级人民法院认为,根据胡某在原审庭审中的陈述可知,中大第×医院为上夜班的医生安排了可供休息的值班室,医生在上夜班期间若病人无需求则可以休息,可见,胡某上夜班期间并非一直处于工作状态,部分时间实际上是可以休息的,在实质上处于一种值守、预防、待命的状态,胡某上夜班在一定程度上是基于医院的功能和医生的职业特点而在正常工作时间之外担负的非工作性任务。

加班,是指劳动者根据用人单位的要求在正常工作时间之外或休息日、法定休假日等时间从事生产或工作。因此,胡某在白天8小时的正常工作时间之后上夜班的行为不属于加班。同理,胡某休息日和法定休假日上夜班亦不属于加班。中大第×医院向上夜班的医生发放值班费,胡某认可其知晓关于值班费的规定,并认可已领取了值班费,其向中大第×医院主张夜班加班费没有事实和法律依据,法院不予支持。

【律师点评】

实务中,用人单位与劳动者经常因为值班是否需要支付加班工资而发生争议。从字面上看,值班与加班仅一字之差,法律含义却迥然不同。值班,是指企业因安全、消防、假日等需要,临时安排或根据制度安排与劳动者本职无关联的工作;或者虽与劳动者本职工作有关联,但值班期间可以休息,一般为非生产性的工作。加班,是指劳动者在平时正常工作时间外,继续从事自己的本职工作,一般是属于生产经营需要。值班与加班的主要区别在于劳动者是否从事的是原岗位工作或者工作强度是否发生变化。

关于值班问题,目前尚无明确的法律规范对其进行调整,主要依据企业的规章制度或劳动合同来实行。而加班在加班时间、补休、加班费等方面受到《劳动法》《劳动合同法》等有关法律法规的调整。由于值班不等同于加班,因此用人单位可不支付加班费。但值班也是单位安排的工作,单位也应给值班人员支付报酬,不过对值班费或值班津贴的标准,法律未明确规定,用人单位可自行确定执行。而加班费标准则严格受到《劳动法》等法律法规的调整。

【HR 实务】

为防范因安排值班而引发的劳动争议,企业应制定具体的规章制度进行规范。需安排劳动者值班的,应明确规定安排值班条件、值班人员范围、值班工作范围、值班时间与值班报酬等相关问题,避免值班被认定为加班。同时,如果确实属于加班的,应依法支付加班工资。

关于值班报酬的标准,因法律并无明确的标准,企业可根据自身情况等因素自行确定,但应明确告知员工。

（三）经劳动行政部门审批后，用人单位方可实行不定时工作制或综合计算工时工作制等特殊工时制

企业因生产特点等原因，可实行特殊工时制（包括不定时工作制与综合计算工时工作制）。但在实践中，有些企业因对相关规定不了解，自行在企业内部实行特殊工时制。这种做法经常引起争议，进而导致企业在争议案件中处于被动地位。

【真实案例】

参见浙江省台州市中级人民法院(2015)浙台民终字第5号民事判决书

1. 案情概况

王某于2008年6月入职台州托某福物流有限公司（以下简称托某福公司），在公司任职货车司机。2013年9月，王某主张在职期间，公司每月均安排加班，却不支付加班工资。王某据此提出被迫辞职，要求公司支付加班工资和经济补偿金。案件历经劳动仲裁和一审，劳动人事争议仲裁委员会与一审法院均支持了王某的请求。托某福公司不服一审判决，依法提起上诉，诉称公司实行特殊工时工作制，虽然公司在2013年以前未办理相关审批手续，但物流公司工作的特殊性是客观存在的，本案不能按普通用人单位的用工制度来计算加班时间，这样对托某福公司不公平。

2. 裁判结果

台州市中级人民法院判决，托某福公司应向王某支付加班工资和经济补偿金。

3. 裁判理由

台州市中级人民法院认为，对于加班费的问题，托某福公司提供的有关考勤表足以证明王某存在加班事实，其中有些月份由于托某福公司未提供相关考勤表，不能准确反映王某出勤情况，对此部分应由托某福公司承担相应的不利后果。至于托某福公司主张其实行特殊工时工作制，但根据相关法律规定，用人单位实行特殊工时制的应当经过有关部门的审批，而本案托

某福公司在双方劳动关系存续期间并未经过审批获准实行特殊工时工作制,故托某福公司主张其不应支付加班工资的理由不能成立。

【律师点评】

根据相关法律的规定,企业因工作性质或生产特点等原因,确需实行特殊工时制的,应依法向劳动行政部门申请。经审批同意后,方可实施特殊工时制。企业无权通过规章制度或劳动合同的约定而自行实施特殊工时制。

本案中,托某福公司主张其物流公司工作的特殊性是客观存在的,不能按普通用人单位的用工制度来计算加班时间,否则对公司不公平。托某福公司的辩解看似符合常理,但由于其并未向劳动行政部门申请实施特殊工时制并取得批准,其主张实施特殊工时制是没有法律依据的。因此,二审法院根据王某的加班情况,判决托某福公司向王某支付加班工资是符合法律规定的。

【HR 实务】

企业确因行业性质或工作性质等原因需实施综合计算工时制或不定时工作制的,应根据原劳动部《关于企业实行不定时工作制和综合计算工时工作制的审批办法》等相关规定依法向当地劳动行政部门申请。如未经审批,即使企业与劳动者在劳动合同当中约定或在规章制度中规定实施特殊工时制,一旦发生争议,上述约定或规定也会被认定为无效。

因此,企业在实施特殊工时制时,应区分劳动者的身份来确定是否需要向劳动部门申请办理审批手续。

【法律链接】

1.《劳动法》

第三十九条 企业因生产特点不能实行本法第三十六条、第三十八条规定的,经劳动行政部门批准,可以实行其他工作和休息办法。

2. 广东省劳动和社会保障厅《关于印发〈关于企业实行不定时工作制和综合计算工时工作制的审批管理办法〉的通知》

第二条 企业部分岗位因生产特点或工作性质不能实行标准工时制度的,经企业申请、劳动保障行政部门批准,可以实行不定时工作制或综合计算工时工作。

国家机关、事业单位、社会团体、个体经济组织、民办非企业单位和与其建立劳动关系的劳动者,依照本办法执行。

(四)年休假中的连续工作满十二个月应包括劳动者在上一家单位的工作时间

根据《职工带薪年休假条例》等相关法律的规定,员工连续工作满一年以上的,可以享受带薪年休假。但在实务中,对“连续工作满一年”是否应包括员工在上一家单位的工作时间的理解却存在分歧。

【真实案例】

参见深圳市中级人民法院(2014)深中法劳终字第1456号民事判决书

1. 案情概述

2012年2月,廖某入职深圳市研某科技有限公司(以下简称研某公司),担任人事经理一职。2013年3月,因与上司发生冲突,廖某撕毁了多份劳动合同,并带走部分文件离开公司后,就未再返回公司上班。研某公司据此解除廖某的劳动合同。廖某随后申请劳动仲裁并提起诉讼,主张公司违法解除劳动合同,要求支付加班工资与带薪年休假工资等。

针对带薪年休假的天数,研某公司主张,应当自廖某入职研某公司之日起满1年才可计算5天带薪年休假,因廖某入职未满1年,故廖某只能得到1天的带薪年休假工资。廖某主张,连续工作满1年,应包括其入职研某公司之前的工作时间,结合其累计工作年限,2012年可享受8天年休假,2013年可享受2天年休假。

2. 裁判结果

深圳市中级人民法院判决,廖某应享有的2012年年休假天数为8天,2013年年休假天数为2天。

3. 裁判理由

深圳市中级人民法院认为,劳动者连续工作包括三种情形:“一、在前家单位或之前的任何一家单位存在连续工作满12个月以上的;二、在本单位连续工作满 12 个月以上的;三、在前家单位连续工作不满 12 个月但与本单位连续工作累计达到 12 个月以上的。”劳动者只要存在上述三种情形之一的,均可以向现职单位依法申请享有带薪年休假。廖某已提交社会保险资料证明其连续工作的情况。研某公司认为,只有在其公司连续工作满 1 年才可享有带薪年休假的观点没有法律依据,法院不予支持。

【律师点评】

实务中,对年休假中的“连续工作满 12 个月”的理解有不同意见。为数不少的 HR 认为,“连续工作满 12 个月”仅指在本单位连续工作满 12 个月,而并不包括劳动者在上一家单位的工作时间。

其实这是对法律规定的一个重大误解。针对此问题,人力资源和社会保障部办公厅于 2008 年专门就上海市人力资源和社会保障局的询问作出了《企业职工带薪年休假实施办法有关问题的复函》,在该文件中,人力资源和社会保障部办公厅明确答复称:关于带薪年休假的享受条件,《企业职工带薪年休假实施办法》第 3 条中的“职工连续工作满 12 个月以上”,既包括职工在同一用人单位连续工作满 12 个月以上的情形,也包括职工在不同用人单位连续工作满 12 个月以上的情形。

因此,根据上述规定,劳动者“连续工作满 12 个月以上”包括三种情形:“一、在前家单位或之前的任何一家单位连续工作满 12 个月以上的;二、在本单位连续工作满 12 个月以上的;三、在前家单位连续工作不满 12 个月但与本单位连续工作累计达到 12 个月以上的。”但是,要明确的是,“连续工作满 12 个月”的事实,应由劳动者举证。

本案中,廖某已提交社会保险资料证明其在入职研某公司前后连续工作的情况。因此,在确定廖某享受年休假的时间点时,应计算廖某在上一家单位的工作时间。

【HR 实务】

企业可在规章制度中规定,劳动者对其连续工作时间负有举证义务,劳动者可提交相关证据予以证明,如社会保险费缴纳记录和离职证明等材料。如劳动者不能举证证明连续工作时间的,则企业将按入职本单位的工作时间开始计算。

需要注意的是，如劳动者提供的证据是以日为单位的（如离职证明），企业则可以日为单位来确定工作时间有无中断，如证据是以月为单位的（如社会保险费缴纳记录），企业则可以月为单位来确定工作时间有无中断。

【法律链接】

1.《企业职工带薪年休假实施办法》

第三条 职工连续工作满12个月以上的，享受带薪年休假（以下简称年休假）。

2. 人力资源和社会保障部办公厅《关于〈企业职工带薪年休假实施办法〉有关问题的复函》

一、关于带薪年休假的享受条件《企业职工带薪年休假实施办法》第三条中的“职工连续工作满12个月以上”，既包括职工在同一用人单位连续工作满12个月以上的情形，也包括职工在不同用人单位连续工作满12个月以上的情形。

（五）私营企业的员工不享受探亲假

根据1981年出台的国务院《关于职工探亲待遇的规定》，探亲假的适用范围仅限于国家机关、人民团体与全民所有制企业、事业单位工作满1年的固定职工，而不包括私营企业的员工。但在实务中，私营企业的员工主张探亲假的劳动争议仍时有发生。

【真实案例】

参见深圳市中级人民法院（2011）深中法民六终字第2234号民事判决书

1. 案情概述

陈某因劳动报酬与深圳市高某有限公司（以下简称高某公司）发生争议，并据此申请劳动仲裁，向高某公司追索年休假工资、丧假工资与探亲假工资等劳动报酬。深圳市龙岗区人民法院判决高某公司应向陈某支付探亲假工资。高某公司对此不服，依法提起上诉。

2. 裁判结果

深圳市中级人民法院判决,一审判决高某公司支付陈某探亲假工资,缺乏法律依据,该处理不当,依法予以纠正,判决高某公司无须向陈某支付探亲假工资。

3. 裁判理由

深圳市中级人民法院认为,虽然《企业职工带薪年休假实施办法》规定职工依法享有的探亲假不计入年休假假期,但并没有规定劳动者享受探亲假的天数以及未能安排探亲假的用人单位应当以何种标准支付探亲假工资,其他法律法规亦没有规定劳动者享受探亲假的天数以及未能安排探亲假的用人单位应当支付探亲假工资及支付标准。国务院《关于职工探亲待遇的规定》也仅有针对国家机关、人民团体和全民所有制企业、事业单位工作满 1 年的固定职工享受探亲假天数的规定。高某公司不属于上述类型,不适用上述规定,且陈某亦没有提交证据证实高某公司规章制度有此规定。

因此,陈某主张高某公司应支付探亲假工资缺乏法律依据,不予支持。

【律师点评】

探亲假可以说是计划经济时代的产物。但在实务中,很多非国有企事业单位与员工对此不完全理解。因此,在劳动争议案件中,经常有私营企业的员工主张应享受探亲假。

根据 1981 年出台的国务院《关于职工探亲待遇的规定》,享受探亲假的主体仅限于国家机关、人民团体与全民所有制企业、事业单位工作满 1 年的固定职工。因此,非国有企事业单位的员工是不能依据《关于职工探亲待遇的规定》主张探亲假的,除非该非国有企事业单位同意执行《关于职工探亲待遇的规定》。

【HR 实务】

因国家对非国有企事业单位的职工是否享受探亲假并无明确的规定,故私营企业可根据本单位的实际情况,决定是否参考国务院的有关规定执行探亲假制度。如决定参照执行探亲假制度,私营企业应制定相应的规章制度,确定享受探亲假的条件、待遇、期限与相关要求,以避免发生劳动纠纷。

【法律链接】

国务院《关于职工探亲待遇的规定》

第二条 凡在国家机关、人民团体和全民所有制企业、事业单位工作满一年的固定职工，与配偶不住在一起，又不能在公休假日团聚的，可以享受本规定探望配偶的待遇；与父亲、母亲都不住在一起，又不能在公休假日团聚的，可以享受本规定探望父母的待遇。但是，职工与父亲或与母亲一方能够在公休假日团聚的，不能享受本规定探望父母的待遇。

第三条 职工探亲假期：

（一）职工探望配偶的，每年给予一方探亲假一次，假期为三十天。

（二）未婚职工探望父母，原则上每年给假一次，假期为二十天。如果因为工作需要，本单位当年不能给予假期，或者职工自愿两年探亲一次的，可以两年给假一次，假期为四十五天。

（三）已婚职工探望父母的，每四年给假一次，假期为二十天。

探亲假期是指职工与配偶、父、母团聚的时间，另外，根据实际需要给予路程假。上述假期均包括公休假日和法定节日在内。

（六）用人单位可与劳动者自主约定福利年休假

在大中型企业或外资企业，在法定年休假之外，企业根据职级情况为高级别的员工安排额外年休假或福利年休假的情形也不少见。但是，因企业对额外年休假或福利年休假的规定不明确，经常引发劳动纠纷。

【真实案例】

参见深圳市中级人民法院（2014）深中法劳终字第14号民事判决书

1. 案情概述

方某入职莱某德电子材料（深圳）有限公司（以下简称莱某德公司）后，又另行成立了一家电子材料公司并担任董事。莱某德公司根据公司规章制度的相关规定，以方某严重违反公司规章制度为由解除劳动合同。方某对此不服，依法提起了劳动仲裁和诉讼，主张莱某德公司违法解除劳动合同，并要求公司按法定年休假的标准支付未休的福利年休假的工资。

2. 裁判结果

深圳市中级人民法院判决,方某要求莱某德公司按法定年休假的工资标准支付未休福利年休假工资没有法律依据,不予支持。

3. 裁判理由

深圳市中级人民法院认为,由于莱某德公司的规章制度中规定福利年休假若未休完,将按正常工作日的工资计算福利年休假工资。据此,法院认为,在用人单位按照法律规定予以劳动者年休假或支付年休假工资后,用人单位给予劳动者福利年休假,并不违反法律规定。用人单位与劳动者双方对未休福利年休假工资的计算标准进行约定,应认定约定有效。莱某德公司已按约定向方某支付了 1 倍的未休福利年休假工资,故方某要求莱某德公司再支付另外 1 倍工资,依据不足,其上诉请求依法不予支持。

【律师点评】

福利年休假(额外年休假)是企业在法定年休假之外给予劳动者的福利休假。但因企业对福利年休假的认识不足,导致企业的规章制度中往往缺乏相应的规范,引发了大量的劳动争议纠纷。福利年休假,涉及休假天数、与法定年休假的休假顺序、福利年休假未休时的待遇等众多问题,处理时稍有不慎,就很容易"好心办坏事",给企业带来法律风险。

因此,企业在设置福利年休假时,应制定完善的休假制度,明确福利年休假的休假天数、休假条件、休假顺序与未休福利年休假时的补偿办法(或是否补偿)等问题。

福利年休假是企业在法定基准之外给予劳动者的福利,属于用人单位的自主决定范围。因此,关于未休福利年休假的待遇,只要劳动合同、集体合同或规章制度中有明确约定,即使约定劳动者未休该福利年休假不给予补偿或者补偿标准低于法定未休年休假工资标准,也应认定该约定有效。但若劳动合同、集体合同或规章制度未加以明确约定,则应视为企业放弃其自主决定的权利,劳动者要求按照法定标准支付未休福利假期工资的,应予支持。

【HR 实务】

企业在给予劳动者福利年休假时,在劳动合同或规章制度中应对以下问题进行明确约定：

（1）规定享受福利年休假的条件与天数。企业可针对劳动者的工作年限、职级等情况，规定可享受福利年休假的条件和相应的休假天数。

（2）规定法定年休假与福利年休假的休假顺序。企业可以在规章制度中明确规定法定年休假与福利年休假的休假顺序。在正常情况下，应当是先享受法定年休假，再享受福利年休假。同时，企业在设计年休假申请单时，应将法定年休假与福利年休假分开列明，在请假单中写明请休的是法定年休假还是福利年休假。

（3）规定未休福利年休假的处理办法。规章制度可规定劳动者当年未休完福利年休假的视为放弃休假，企业将不再支付任何工资，也可规定企业按正常工作时间工资支付，还可规定企业按正常工作时间工资支付未休假工资，均是有效的。

如规章制度未对未休福利年休假的补偿办法进行约定，则应视为企业放弃其自主决定的权利，劳动者可要求按照法定标准支付未休福利假期的工资。

【法律链接】

深圳市中级人民法院《关于审理劳动争议案件的裁判指引》

一百一十、劳动合同、集体合同或规章制度约定了超过法定天数的年休假天数，并对超过法定年休假天数的未休年休假约定了是否予以补偿或具体的补偿标准的，该约定有效。劳动合同、集体合同或规章制度对超过法定年休假天数的未休年休假未约定补偿，或约定了补偿但未明确具体补偿标准的，劳动者要求按照法定标准支付超过法定年休假天数的未休年休假工资的，应予支持。

十、社会保险

(一)用人单位未为员工办理基本养老保险手续,应当赔偿员工养老保险费损失

在2010年前,员工养老保险的缴纳意识及维权意识并不强,加之仲裁机构或法院对以养老保险费的缴纳年限、缴纳数额不足为由的劳动争议纠纷均不作为劳动争议处理,员工就养老保险的问题只能向社会保险基金管理部门进行投诉。故关于用人单位未为员工办理基本养老保险,导致员工退休后无法享受养老保险费的争议,在2010年之前成为诉讼的盲点,员工不知如何维权,法院不知如何确定审判标准。但自从最高人民法院《关于审理劳动争议案件适用法律若干问题的解释(三)》[1]实施后,关于养老保险费的审理有了较为明确的审判标准,为无法享受养老保险费的退休员工找到了维权的方向,使之有机会摆脱老无所依的窘境。

尽管上述条文为退休员工诉求养老保险费损失指明了维权方向,但在什么情况下退休员工能够请求用人单位赔偿养老保险金损失呢?

【真实案例】

参见广东省江门市中级人民法院(2015)江中法民四终字第52号民事判决书

1. 案情概述

张某于1997年3月1日入职江门市天某达科技实业有限公司(以下简称天某达公司),2008年10月29日达到法定退休年龄,因无法享受养老保

---

〔1〕 该解释已于2021年1月1日废止。

险待遇，向法院起诉天某达公司支付其2008年11月1日至2014年5月13日的养老保险待遇39,600元。

2. 裁判结果

虽然张某达到法定退休年龄，天某达公司也没有为其办理过基本养老保险手续，但由于张某并没有到社会保险基金管理部门索取"不能补办基本养老保险"的书面答复，不能证明其客观上不能享受养老保险待遇，故法院判决驳回了张某关于养老保险费的诉讼请求。

3. 裁判理由

法院查明案件事实后认为，请求用人单位赔偿养老保险费损失的，应同时符合以下条件：(1)用人单位未为劳动者参加基本养老保险；(2)社会保险经办机构明确答复不能补办；(3)劳动者达到法定退休年龄。

【律师点评】

最高人民法院《关于审理劳动争议案件适用法律若干问题的解释(三)》第1条〔1〕规定："劳动者以用人单位未为其办理社会保险手续，且社会保险经办机构不能补办导致其无法享受社会保险待遇为由，要求用人单位赔偿损失而发生争议的，人民法院应予受理。"

虽然上述司法解释没有单列上述三项条件，但从法条本身分析可知，劳动者要诉求养老保险费的前提条件是：(1)劳动者已经达到退休年龄；(2)用人单位完全没有办理过基本养老保险，即从未购买过基本养老保险；(3)社会保险机构出具书面答复，明确劳动者的养老保险不能够补办。只有满足前述三个条件，劳动者才能主张养老保险费损失。

【HR 实务】

从2015年年初开始，深圳市社会保险基金管理局的"社保审计"已经在深圳各区广泛开展，一旦用人单位被深圳市社会保险基金管理局抽查，经会计师事务所审计确认没有足额缴纳养老保险的，用人单位面临的将不仅仅是补交养老保险的风险，还将按应缴款项日5‰的标准支付滞纳金。深圳市

---

〔1〕 该解释已于2021年1月1日废止，对应内容参见最高人民法院《关于审理劳动争议案件适用法律问题的解释(一)》第1条第5项。

社会保险基金管理局将直接从用人单位的公账上扣取个人和单位两部分的养老保险费以及滞纳金。对于已离职职工的个人应缴纳养老保险款项,用人单位再另行向职工追索(但绝大多数情况下无法追索到位),而且一旦用人单位没有为职工缴纳养老保险费,导致职工无法享受养老保险待遇的,职工有权提起诉讼索赔,赔偿额通常不低。

【法律链接】

最高人民法院《关于审理劳动争议案件适用法律问题的解释(一)》

第一条 劳动者与用人单位之间发生的下列纠纷,属于劳动争议,当事人不服劳动争议仲裁机构作出的裁决,依法提起诉讼的,人民法院应予受理:

(一)劳动者与用人单位在履行劳动合同过程中发生的纠纷;

(二)劳动者与用人单位之间没有订立书面劳动合同,但已形成劳动关系后发生的纠纷;

(三)劳动者与用人单位因劳动关系是否已经解除或者终止,以及应否支付解除或者终止劳动关系经济补偿金发生的纠纷;

(四)劳动者与用人单位解除或者终止劳动关系后,请求用人单位返还其收取的劳动合同定金、保证金、抵押金、抵押物发生的纠纷,或者办理劳动者的人事档案、社会保险关系等移转手续发生的纠纷;

(五)劳动者以用人单位未为其办理社会保险手续,且社会保险经办机构不能补办导致其无法享受社会保险待遇为由,要求用人单位赔偿损失发生的纠纷;

(六)劳动者退休后,与尚未参加社会保险统筹的原用人单位因追索养老金、医疗费、工伤保险待遇和其他社会保险待遇而发生的纠纷;

(七)劳动者因为工伤、职业病,请求用人单位依法给予工伤保险待遇发生的纠纷;

(八)劳动者依据劳动合同法第八十五条规定,要求用人单位支付加付赔偿金发生的纠纷;

(九)因企业自主进行改制发生的纠纷。

（二）即使超过两年的法定强制追缴年限，但用人单位愿意配合补缴的，劳动者依法仍有权申请补缴两年以前的养老保险费

劳动者申请补缴两年以前的养老保险费的，深圳市社会保险基金管理局往往依据《劳动保障监察条例》第20条和《深圳经济特区社会养老保险条例》第40条关于养老保险强制追缴的规定（违法行为的发生已超过两年强制追缴时效），不予受理劳动者补缴养老保险的请求。但《深圳经济特区社会养老保险条例》第51条和《〈深圳经济特区社会养老保险条例〉实施细则》第44条规定，用人单位及其职工未按照规定缴纳养老保险费，超过法定强制追缴时效的，可以申请补缴养老保险费。补缴养老保险费的，补缴不改变本人首次缴费时间和参加工作时间。

法规已经明文规定可以补缴两年以前的养老保险，深圳市社会保险基金管理局却不受理，其做错了吗？

【真实案例】

参见深圳市福田区人民法院（2015）深福法行初字第481号行政判决书

1. 案情概述

用人单位深圳毅某能源有限公司（以下简称毅某公司）未为劳动者张某购买2002年12月至2005年3月的养老保险，张某与毅某公司沟通后，毅某公司也愿意配合为张某补缴养老保险费，张某于2014年12月19日向深圳市社会保险基金管理局申请补缴2002年12月1日至2005年3月1日的养老保险，深圳市社保局却以张某投诉已超过两年的查处期限为由，作出《深圳市社会保险来访事项不予受理告知书》（以下简称告知书）。无奈之下，张某只能起诉深圳市社会保险基金管理局，请求撤销告知书并重新作出具体行政行为。

2. 裁判结果

本案经深圳市福田区人民法院一审审理，判决深圳市社会保险基金管

理局撤回告知书，并另行作出具体行政行为。

3. 裁判理由

法院认为，依据《深圳经济特区社会养老保险条例》第 51 条[1]和《〈深圳经济特区社会养老保险条例〉实施细则》第 44 条的规定，本案中张某向深圳市社会保险基金管理局投诉要求以实际工资为基数补缴 2002 年 12 月至 2005 年 3 月的养老保险费，符合法律规定，深圳市社会保险基金管理局根据《劳动保障监察条例》第 20 条和《深圳经济特区社会养老保险条例》第 40 条[2]的规定，以张某投诉已超过两年的查处期限为由，不予受理张某的补缴申请，属适用法律错误。

【律师点评】

投诉、举报和申请补缴，本来就属于不同的维权行为，是劳动者维护自身权益的三种方式，劳动者选择不一样的维权行为，适用法律当然不一样。针对劳动者申请补缴养老保险的维权行为，深圳市社保局却援用了“投诉和举报”的相关规定（《劳动保障监察条例》第 20 条和《深圳经济特区社会养老保险条例》第 40 条[3]），其作出的行政行为（告知书），理所当然也是错误的。针对劳动者申请补缴养老保险费的维权行为，深圳市社会保险基金管理局依法应适用《深圳经济特区社会养老保险条例》第 51 条[4]和《〈深圳经济特区社会养老保险条例〉实施细则》第 44 条的规定。

【HR 实务】

职工申请补缴两年以前的养老保险费，有如下前提条件：

（1）用人单位同意配合补缴劳动者的养老保险，递交补缴申请。

（2）劳动者与用人单位协商清楚，明确补缴款项和滞纳金的承担方式，即如果用人单位不愿意承担前述款项，只愿意配合办理补缴手续，那么劳动者为了达成补缴养老保险费的愿望，只能自己缴足保险款项和滞纳金，否则社会保险经办机构依法可以拒绝补缴申请。

---

〔1〕 该条例已于 2021 年 7 月 6 日修订，对应规定应参照修订后的第 46 条。
〔2〕 该条例已于 2021 年 7 月 6 日修订，对应规定应参照修订后的第 37 条。
〔3〕 该条例已于 2021 年 7 月 6 日修订，对应规定应参照修订后的第 37 条。
〔4〕 该条例已于 2021 年 7 月 6 日修订，对应规定应参照修订后的第 46 条。

【法律链接】

1.《劳动保障监察条例》

第二十条 违反劳动保障法律、法规或者规章的行为在2年内未被劳动保障行政部门发现，也未被举报、投诉的，劳动保障行政部门不再查处。

前款规定的期限，自违反劳动保障法律、法规或者规章的行为发生之日起计算；违反劳动保障法律、法规或者规章的行为有连续或者继续状态的，自行为终了之日起计算。

2.《深圳经济特区社会养老保险条例》

第三十七条 职工认为用人单位未按照规定为其缴纳养老保险费的，应当在知道或者应当知道权利被侵害之日起两年内按照国家和本市有关规定向市社保机构、市社会保险费征收机构投诉、举报；超过两年的，市社保机构、市社会保险费征收机构不予受理。

第四十条 以欺诈、伪造证明材料或者其他手段为不符合条件的人员办理参保手续，或者补缴养老保险费的，其行为无效。已缴纳的养老保险费本金按照原缴费渠道予以退还。用人单位有过错的，由市人力资源保障部门对用人单位按照违规人数每人一千元的标准处以罚款，并将用人单位的违规情况向社会公告；构成犯罪的，依法追究刑事责任。

3.《〈深圳经济特区社会养老保险条例〉实施细则》

第四十四条 参保人补缴养老保险费的，补缴不改变本人首次缴费时间和参加工作时间。

(三)劳动合同期满前，孕期女职工与单位签订到期不续签协议书，被法院认定有效，不能再行主张生育津贴

广东省佛山市中级人民法院、佛山市劳动争议仲裁委员会《关于审理劳动争议案件若干问题的指导意见》第33条规定，劳动者与用人单位劳动关系解除或终止过程中，就工资、加班工资、经济补偿金等达成的具有权利处分内容的结算协议，其内容不违反法律、行政法规的强制性规定的，应认定

有效,但有证据证明签订协议时存在欺诈、胁迫、重大误解、显失公平或乘人之危等违背当事人真实意思表示的除外。

女职工在不了解孕期状态下应当顺延劳动合同期限的法律规定的情况下,与用人单位签署了终止劳动关系协议,为获得生育津贴等劳动权益的保护,主张双方签署的协议无效,会得到法院的支持吗?

【真实案例】

参见广东省佛山市中级人民法院(2018)粤06民终2688号民事判决书

1. 案情概述

麦某珍与广东佛山市顺德区帕某玛门业有限公司签订的劳动合同期限是2015年11月6日至2017年5月1日,麦某珍于2017年1月知悉自己怀孕。2017年4月23日,麦某珍收到了公司送达的关于不同意续签劳动合同的通知。2017年4月29日,双方签订《劳动合同到期不续签协议书》,该协议书约定:双方签订的劳动合同已到期,经双方协商同意不再续签劳动合同。自2017年4月30日起,双方结清一切经济关系,不存在任何劳动关系。麦某珍承诺放弃其他所有权益,双方的劳动关系全部了结,以后互不追究。2017年4月29日,麦某珍收到了公司支付的4983元。

后麦某珍认为自己的合法劳动权益被侵犯,遂向劳动争议仲裁委员会提出仲裁申请,要求将原劳动合同延长至2018年7月10日。并要求公司支付2017年5月1日至7月31日的工资7944元、生育医疗费11,074.42元、生育津贴25,323.4元、未休年休假工资2435元。

2. 裁判结果

广东省佛山市顺德区人民法院判决如下:(1)原告佛山市顺德区帕某玛门业有限公司无须履行与被告麦某珍的劳动合同至2018年7月10日。(2)原告佛山市顺德区帕某玛门业有限公司无须支付被告麦某珍2017年5月1日至6月25日的工资1987元、生育津贴23,525.51元、2015年11月6日至2016年12月31日的未休年休假工资1300.64元。

被告麦某珍不服一审判决,上诉至广东省佛山市中级人民法院,广东省佛山市中级人民法院认为,原审判决认定事实基本正确,适用法律正确,处理结果得当,应予维持。

3. 裁判理由

法院认为被告麦某珍在签订劳动合同到期不续签协议时,明确知悉自身怀孕的事实,在原告提出合同到期不续约的情况下被告同意原告的请求,并对其在原告处工作期间的权利义务做了处分,被告作为完全民事行为能力人签署协议书,并不存在受人胁迫欺诈或乘人之危的情形,是被告的真实意思表示。且上述协议并未违反国家法律行政法规的强制性规定,故该协议对原告、被告应当具有法律上的约束力。

按照协议的约定,原告、被告的劳动关系已于2017年4月30日解除。被告主张双方劳动关系应当延续至2018年7月10日,缺乏事实与法律依据,法院不予支持。

【律师点评】

我们发现,劳动合同履行期间,用人单位让劳动者单方承诺或者是双方约定的一些内容,只要与法律规定不一致,往往会被裁判机关推翻。但是在劳动者离职的时候与用人单位签订的全面"一揽子"协议,只要是没有使用胁迫和欺诈的手段,基本上裁判机关都持保护的态度。

上述案件的关键,是双方签订的到期不续签协议书有效还是无效。员工主张协议书签订时意思表示不真实,存在重大误解,并认为该协议书的内容也违反了法律保护孕期女职工的强制性规定,该协议应当无效。

但法院最终接受了用人单位的抗辩观点,认为签署协议书时双方对于麦某珍处于孕期的事实均知情,麦某珍有权对续延劳动合同或者终止劳动关系进行选择,而从双方最终签订协议书的行为来看,麦某珍选择终止劳动关系,这种选择本身并不违反法律规定。也就是说,虽然法律规定女职工处于孕期时,劳动合同应当顺延至相应的情形消失,但法律并不禁止双方协商一致终止劳动合同。

这个案例告诉我们:女职工在孕期的情况下,如果与单位签署协议确定终止劳动关系,经过一段时间之后,回头来再要求用人单位按照法律规定延长劳动合同期限,并对自己的生育医疗费和生育津贴提出主张,法律上是不保护的。

【HR实务】

(1)在工作实践中,劳动合同到期前女职工处于孕期,用人单位提出签订终止劳动合同协议书,女职工大概率是不会同意签署的。因为在资讯发达的当下,人们获得劳动法领域最基本的法律咨询的途径非常多,可以向市区两级劳动部门咨询,也可以到劳动争议仲裁委员会的律师咨询室和各司法局的法律援助中心得到解答。

(2)通常在这种情况下,劳动合同是继续延长至哺乳期结束的,所以也不需要另外再签订一份劳动合同。当然,如果公司再与孕期女职工签署一份劳动合同,明确按照法律要求写明劳动合同期限延长至哺乳期结束,也是可以的。

(3)用人单位应当按照法律规定为员工缴纳生育保险,确保孕期女职工在生育孩子后能够足额领取生育津贴,从而保护妇女儿童的合法权益。

【法律链接】

1.《劳动合同法》

第四十二条 劳动者有下列情形之一的,用人单位不得依照本法第四十条、第四十一条的规定解除劳动合同:

(一)从事接触职业病危害作业的劳动者未进行离岗前职业健康检查,或者疑似职业病病人在诊断或者医学观察期间的;

(二)在本单位患职业病或者因工负伤并被确认丧失或者部分丧失劳动能力的;

(三)患病或者非因工负伤,在规定的医疗期内的;

(四)女职工在孕期、产期、哺乳期的;

(五)在本单位连续工作满十五年,且距法定退休年龄不足五年的;

(六)法律、行政法规规定的其他情形。

第四十五条 劳动合同期满,有本法第四十二条规定情形之一的,劳动合同应当续延至相应的情形消失时终止。但是,本法第四十二条第二项规定丧失或者部分丧失劳动能力劳动者的劳动合同的终止,按照国家有关工伤保险的规定执行。

2.原劳动部《关于贯彻执行〈中华人民共和国劳动法〉若干问题的意见》

34. 除劳动法第二十五条规定的情形外,劳动者在医疗期、孕期、产期和哺乳期内,劳动合同期限届满时,用人单位不得终止劳动合同。劳动合同的期限应自动延续至医疗期、孕期、产期和哺乳期期满为止。

十一、工 伤 保 险

(一)计算工伤停工留薪期间的工资待遇时,应将员工受伤前的加班工资计算在内

《广东省工伤保险条例》第25条规定:“职工因工伤需要暂停工作接受工伤医疗的,在停工留薪期内,原工资福利待遇不变,由所在单位按月支付……”第64条也规定:“……原工资福利待遇,是指工伤职工在本单位受工伤前12个月的平均工资福利待遇。工伤职工在本单位工作不足12个月的,以实际月数计算平均工资福利待遇……”

上述条例是关于职工工伤停工留薪期内的工资待遇规定,关于停工留薪期待遇问题最大的争议在于:在计算停工留薪期工资待遇时,是否需要将员工受伤前12个月的加班工资纳入平均工资的范围?

【真实案例】

参见深圳市中级人民法院(2015)深中法劳初字第204号民事判决书

1. 案情概述

何某2008年2月入职深圳市奔某电子技术有限公司(以下简称奔某公司),担任普通工人,双方于2009年5月1日签订了劳动合同。2012年10月30日7时25分,何某在上班途中因交通事故受伤,并于2012年11月27日向深圳人力资源和社会保障局提出了工伤认定申请,2013年1月26日经该局认定为工伤。何某向深圳市宝安区劳动人事争议仲裁委员会提起劳动仲裁申请,该仲裁委员会经审理,作出了深宝劳人仲(西乡)案(2014)2662号终局仲裁裁决书,裁定奔某公司按何某受伤前12个月的平均工资为2432.58元(包含加班费)支付其停工留薪期的工资。

奔某公司认为,深圳市宝安区劳动人事争议仲裁委员会的仲裁裁决书适用法律错误,于2015年3月9日向深圳市中级人民法院提出申请,请求撤销深宝劳人仲(西乡)案(2014)2662号仲裁裁决。奔某公司认为,何某受伤前所领的加班费是由于其进行了加班才能够享有。何某受伤后一直未到公司上班,也没有加班,故不存在加班费。何某2012年11月至2013年7月工伤期间的工资应扣除加班费。

2. 裁判结果

法院认定,奔某公司无证据证明本案的仲裁裁决存在《劳动争议调解仲裁法》第49条规定的可以申请撤销仲裁裁决的情形,对奔某公司撤销仲裁裁决的申请不予支持。

3. 裁判理由

法院认为,关于何某停工留薪期工资的标准,根据《广东省工伤保险条例》第64条第2项的规定,原工资福利待遇,是指工伤职工在本单位受工伤前12个月的平均工资福利待遇。何某在奔某公司受工伤前12个月的平均工资福利待遇应包括加班工资,因此,仲裁裁决以包括加班工资在内的平均工资计算停工留薪期工资,不属于法律适用错误。

【律师点评】

《广东省工伤保险条例》第64条第2项规定,原工资福利待遇,是指工伤职工在本单位受工伤前12个月的平均工资福利待遇。上述法律法规所规定的停工留薪期工资并没有明确排除加班工资,因此,在计算工伤停工留薪期待遇时,应从有利于劳动者的角度考虑,将劳动者受伤前的加班工资纳入计算停工留薪期的工资。

【HR实务】

职工发生工伤,在停工留薪期内,用人单位仍然需要按月向工伤职工发放工资。发放标准既不是基本工资,也不是原工资打折后的病假工资,而是保持原工资福利待遇不变。深圳市的停工留薪期工资标准为工伤职工负伤前12个月的平均工资收入。在基本工资之外,也应将加班加点工资、奖金、津贴和补贴等货币性收入涵盖在内。受伤人员工作不满12个月的,按照实际工作的月份数计算平均工资。

【法律链接】

《广东省工伤保险条例》

第二十五条 职工因工伤需要暂停工作接受工伤医疗的，在停工留薪期内，原工资福利待遇不变，由所在单位按月支付。停工留薪期根据医疗终结期确定，由劳动能力鉴定委员会确认，最长不超过二十四个月。

工伤职工鉴定伤残等级后，停发原待遇，按照本章的有关规定享受伤残待遇。工伤职工在鉴定伤残等级后仍需治疗的，经劳动能力鉴定委员会批准，一级至四级伤残，享受伤残津贴和工伤医疗待遇；五级至十级伤残，享受工伤医疗和停工留薪期待遇。

经劳动能力鉴定委员会确认可以进行康复的，工伤职工在签订服务协议的康复机构发生的符合规定的工伤康复费用，从工伤保险基金支付。

工伤职工在停工留薪期间生活不能自理需要护理的，由所在单位负责。所在单位未派人护理的，应当参照当地护工从事同等级别护理的劳务报酬标准向工伤职工支付护理费。

第六十四条 本条例中下列用语的含义：

（一）本人工资，是指工伤职工在本单位因工作遭受事故伤害或者患职业病前十二个月平均月缴费工资。本单位为工伤职工缴纳工伤保险费不足十二个月的，以实际月数计算平均月缴费工资。本人工资高于全省上年度职工月平均工资百分之三百的，按照全省上年度职工月平均工资的百分之三百计算；本人工资低于全省上年度职工月平均工资百分之六十的，按照全省上年度职工月平均工资的百分之六十计算。

（二）原工资福利待遇，是指工伤职工在本单位受工伤前十二个月的平均工资福利待遇。工伤职工在本单位工作不足十二个月的，以实际月数计算平均工资福利待遇。

用人单位所在地地级以上市职工月平均工资高于全省职工月平均工资的，计算相关工伤保险待遇使用的全省职工月平均工资按照该地级以上市职工月平均工资执行。

(二)非因工负伤或患病无法回单位上班,经劳动能力鉴定委员会鉴定后,可以获得医疗补助费

《关于实行劳动合同制度若干问题的通知》第22条规定:“劳动者患病或者非因工负伤,合同期满终止劳动合同的,用人单位应当支付不低于六个月工资的医疗补助费;对患重病或绝症的,还应适当增加医疗补助费。”

虽然上述规定明确了医疗费的补助标准,但对于劳动者要“患病或非因工负伤”到何种程度,才能导致不能从事原工作,也不能从事用人单位另行安排的工作,上述规定并没有明确。

【真实案例】

参见深圳市中级人民法院(2017)粤03民终13652号民事判决书

1. 案情概述

杨某垒于2015年6月11日入职深圳市宏某宇物流有限公司(以下简称宏某宇物流公司),任司机一职。2015年7月26日上午8时左右,杨某垒在宏某宇物流公司物流园内突发肾病综合征出血热疾病摔倒,被送往深圳建安医院治疗(住院一天),后于2015年7月28日转至北京大学深圳医院住院治疗,于2015年9月6日出院。

北京大学深圳医院的最后诊断结论为:“肾病综合征出血热、鼻骨骨折、头面部多发挫裂伤、全身多处软组织损伤、横纹肌溶解症、急性肾功能不全、尿毒症期、血小板减少、肝功异常、慢性××。”2015年10月25日,杨某垒医疗终结后无法工作而离职。

深圳市劳动能力鉴定委员会于2016年7月11日以深劳鉴劳字〔2016〕第443153号《深圳市非因工伤(病)职工劳动能力鉴定结论》认定杨某垒达到大部分丧失劳动能力的程度。

杨某垒向法院起诉,要求宏某宇物流公司支付未依法为其参加社会医疗保险而造成的其在职期间治病花费的门诊、住院治疗费,以及医疗期工资、经济补偿金、医疗补助费。一审法院认为,杨某垒提交的深圳市非因工

负伤（病）职工劳动能力鉴定结论并未对其等级作出认定，故仅酌情支持22,800元（3800元/月×6月）。判决宏某宇物流公司于判决生效之日起3日内支付杨某垒医疗补助费22,800元。杨某垒对一审判决不服，提起上诉。

2. 裁判结果

二审法院裁判支持杨某垒医疗补助费34,200元（3800元/月×6月+3800元/月×6月×50%）。

3. 裁判理由

根据原劳动部《关于实行劳动合同制度若干问题的通知》（劳部发〔1996〕第354号）第22条及原劳动部办公厅《关于对劳部发〔1996〕354号文件有关问题解释的通知》的规定，劳动者患病或非因工负伤，合同期满的劳动者终止劳动合同时，经劳动鉴定委员会鉴定为5～10级的，用人单位应支付不低于6个月工资的医疗补助费；对患重病和绝症的还应增加医疗补助费。

杨某垒因病无法工作而与宏某宇物流公司解除劳动关系，根据深圳市劳动能力鉴定委员会的鉴定结论，杨某垒的情形符合取得医疗补助费的条件，一审认定宏某宇物流公司应支付杨某垒6个月工资和医疗补助费22,800元是正确的。且根据上述诊断结论，杨某垒的病情符合“患重病”的情形，杨某垒上诉主张增加医疗补助费11,400元（6月×3800元/月×50%）符合实际，法院予以支持。

【律师点评】

原劳动部《关于实行劳动合同制度若干问题的通知》第22条规定的医疗补助费为6～12个月。对于医疗补助的裁判数额，法官享有较大的自由裁量权，一般可根据劳动能力的丧失程度，在6～12个月的区间内酌定，劳动能力丧失程度越高，医疗补助数额越大。

【HR实务】

劳动者患病或者非因工负伤后，在满足下列条件的情况下，能要求单位额外支付医疗补助费：

（1）劳动者患病或者非因工负伤，使其无法回岗上班，也无法接受其他工作安排；

(2)劳动者患病或者非因工负伤,用人单位与劳动者终止了劳动关系;

(3)劳动者患病或者非因工负伤,经劳动能力鉴定委员会鉴定为较大的疾病,即劳动能力存在部分缺失。

【法律链接】

1. 原劳动部《关于实行劳动合同制度若干问题的通知》

22. 劳动者患病或者非因工负伤,合同期满终止劳动合同的,用人单位应当支付不低于六个月工资的医疗补助费;对患重病或绝症的,还应适当增加医疗补助费。

2. 原劳动部办公厅《关于对劳部发〔1996〕354号文件有关问题解释的通知》

二、《通知》第22条"劳动者患病或者非因工负伤,合同期满终止劳动合同的,用人单位应当支付不低于六个月工资的医疗补助费"是指合同期满的劳动者终止劳动合同时,医疗期满或者医疗终结被劳动鉴定委员会鉴定为5—10级的,用人单位应当支付不低于六个月工资的医疗补助费。鉴定为1—4级的,应当办理退休、退职手续,享受退休、退职待遇。

3. 深圳市中级人民法院《关于审理工伤保险待遇案件的裁判指引》

十九、根据劳动部办公厅《关于对劳部发〔1996〕354号文件有关问题解释的通知》(劳办发〔1997〕18号)规定,"劳动者患病或非因工负伤,合同期满终止劳动合同的,用人单位应当支付不低于六个月工资的医疗补助费"是指合同期满终止劳动合同时,劳动者医疗期满或者医疗终结被劳动能力鉴定委员会鉴定为5—10级的,用人单位应当支付不低于六个月工资的医疗补助费。鉴定为1—4级的,应当办理退休、退职手续,享受退休、退职待遇。

(三)用人单位登记成立前,员工发生工伤,构成非法用工,应按照非法用工伤亡的赔偿标准进行赔偿

根据《非法用工单位伤亡人员一次性赔偿办法》第2条的规定,非法用

工单位伤亡人员,是指无营业执照或者未经依法登记、备案的单位以及被依法吊销营业执照或者撤销登记、备案的单位中受到事故伤害或者患职业病的职工。

结合上述规定,用人单位依法登记成立之前已经招用的职工发生工伤,公司现阶段没有依法登记成立,该种情形按照非法用工进行赔付是没有争议的。而在公司登记成立后,对于公司成立之前的职工工伤,到底是按照非法用工的标准进行赔付,还是应按常规的工伤的标准进行赔付?

【真实案例】

参见深圳市中级人民法院(2014)深中法劳终字第2475号民事判决书

1. 案情概述

深圳市百某盛汽车服务有限公司(以下简称百某盛公司)于2012年9月24日登记成立,但公司登记成立前的筹备阶段就已经招用了朱某。由于公司当时尚未登记成立故无法为朱某购买工伤保险。2012年7月10日,朱某在工作中不慎受伤,经鉴定为伤残十级。朱某与百某盛公司因工伤赔偿问题无法协商一致,朱某起诉公司,要求赔偿非法用工一次性赔偿金55,143元。

2. 裁判结果

朱某的受伤应当适用《非法用工单位伤亡人员一次性赔偿办法》的相关规定处理,朱某的伤残等级为十级,因此一次性赔偿金应为深圳市上一年度(2011年度)职工平均工资的一倍,即55,143元。

3. 裁判理由

法院认为,朱某于2012年7月10日受伤时,百某盛公司尚未成立,因此朱某的受伤属于非法用工受伤,应当适用《非法用工单位伤亡人员一次性赔偿办法》的相关规定处理;百某盛公司于2012年9月24日登记成立,成为合法的用人单位,因此,2012年9月24日之后,双方之间属于劳动关系,应当适用劳动法律法规处理。

【律师点评】

1. 在用人单位没有依法登记成立的情况下,招用的职工受工伤的,属于非法用工

用人单位无营业执照或者未经依法登记、备案以及被依法吊销营业执

照或者撤销登记、备案的,无法为员工购买工伤保险。如用人单位还以单位的名义招用劳动者,劳动者在工作中受伤的,统一按照非法用工的赔偿标准对员工进行赔偿。如以个人名义招用劳动者,则不属于非法用工,受伤员工应按照人身损害赔偿的标准直接到法院提起诉讼维权。

2. 构成非法用工的,视情况将用人单位或者其出资人列为当事人

如单位在诉讼前已经依法登记成立,则受伤员工应以用人单位作为被申请人提起劳动仲裁;如单位在诉讼前仍处于无营业执照或者未经依法登记、备案以及被依法吊销营业执照或者撤销登记、备案的状态,则受伤员工应以用人单位的主要负责人作为被申请人提起劳动仲裁。

【HR 实务】

非法用工的工伤赔偿标准不同于常规工伤赔偿的标准,具体归纳如下:

(1)生活费:在劳动能力鉴定之前的进行治疗期间,按照统筹地区上年度职工月平均工资标准确定;以深圳市为例,2016 年发生的事故,参照 2015 年在岗职工的平均工资 6753 元作为生活费标准。

(2)医疗费、护理费、住院期间的伙食补助费以及所需的交通费等费用:按照《工伤保险条例》规定的标准和范围确定,医疗费以实际发生为准,护理费以医嘱确定为准,住院伙食补助费为每天 100 元,交通费按照实际支出核算。

(3)伤残一次性赔偿金:按照规定,不同残疾级别对应不同的赔偿倍数。以深圳市为例,2016 年发生的事故,参照 2015 年在岗职工的平均工资 6753 元作为赔偿基数。

(4)工亡一次性赔偿金:按照上一年度全国城镇居民人均可支配收入的 20 倍支付一次性赔偿金,并按照上一年度全国城镇居民人均可支配收入的 10 倍一次性支付丧葬补助等其他赔偿金。以深圳市为例,2016 年发生的事故,参照 2015 年全国城镇居民人均可支配收入 33,192.9 元作为赔偿基数。

【法律链接】

1.《非法用工单位伤亡人员一次性赔偿办法》

第二条 本办法所称非法用工单位伤亡人员,是指无营业执照或者未经依法登记、备案的单位以及被依法吊销营业执照或者撤销登记、备案的单

位受到事故伤害或者患职业病的职工，或者用人单位使用童工造成的伤残、死亡童工。

前款所列单位必须按照本办法的规定向伤残职工或者死亡职工的近亲属、伤残童工或者死亡童工的近亲属给予一次性赔偿。

第四条 职工或童工受到事故伤害或者患职业病，在劳动能力鉴定之前进行治疗期间的生活费按照统筹地区上年度职工月平均工资标准确定，医疗费、护理费、住院期间的伙食补助费以及所需的交通费等费用按照《工伤保险条例》规定的标准和范围确定，并全部由伤残职工或童工所在单位支付。

第五条 一次性赔偿金按照以下标准支付：

一级伤残的为赔偿基数的16倍，二级伤残的为赔偿基数的14倍，三级伤残的为赔偿基数的12倍，四级伤残的为赔偿基数的10倍，五级伤残的为赔偿基数的8倍，六级伤残的为赔偿基数的6倍，七级伤残的为赔偿基数的4倍，八级伤残的为赔偿基数的3倍，九级伤残的为赔偿基数的2倍，十级伤残的为赔偿基数的1倍。

前款所称赔偿基数，是指单位所在工伤保险统筹地区上年度职工年平均工资。

第六条 受到事故伤害或者患职业病造成死亡的，按照上一年度全国城镇居民人均可支配收入的20倍支付一次性赔偿金，并按照上一年度全国城镇居民人均可支配收入的10倍一次性支付丧葬补助等其他赔偿金。

2. 最高人民法院《关于审理劳动争议案件适用法律问题的解释（一）》

第二十九条 劳动者与未办理营业执照、营业执照被吊销或者营业期限届满仍继续经营的用人单位发生争议的，应当将用人单位或者其出资人列为当事人。

(四)劳动者上下班突发交通事故受工伤,肇事者已承担了医疗费、丧葬费和辅助器具费的,用人单位无须重复承担前述费用

劳动者受到的工伤是第三人侵权所致(如上下班发生交通事故),第三人已承担侵权赔偿责任,此时,劳动者虽然可以再请求用人单位支付工伤保险待遇,但劳动者已经获得赔偿的项目如医疗费、辅助器具费或丧葬费,用人单位是否还需要重复支付?

【真实案例】

参见深圳市罗湖区人民法院(2013)深罗法民四劳初字第759号民事判决书

1. 案情概述

张某于2003年7月入职深圳市南某清洁服务有限公司(以下简称南某公司),2010年6月7日在上班途中突发交通事故,《交通事故认定书》认定交通事故肇事方迅某公司承担60%的过错责任(张某非主要责任)。事故发生后,迅某公司累计为张某支付了医疗费22,508元。深圳市人力资源和社会保障局作出深人社认字(罗)(2010)第4208900001号《深圳市工伤认定书》,认定张某2010年6月7日在上班途中因交通事故受伤,属工伤,再经劳动能力鉴定委员会鉴定为八级伤残,医疗终结日期为2012年4月20日。

由于南某公司未在工伤事故发生后30日内向深圳市人力资源和社会保障局申请工伤认定,故在迟延申请工伤认定期间发生的医疗费用,该局不予报销。基于此,张某起诉南某公司赔偿医疗费49,000元。

2. 裁判结果

法院最终判定南某公司支付医疗费18,774.68元。

3. 裁判理由

法院认为,张某于2010年6月7日受伤,张某的工伤认定申请于2010年11月2日提出。2012年12月6日深圳市人力资源和社会保障局作出

《深圳市工伤保险待遇决定书》,核发了张某的医疗费 9422.03 元,并载明如员工工伤未及时申报,其间的医疗费用由用人单位负担。另外,张某自行支付了医疗费 24,428.7 元、迅某公司垫付了医疗费 22,508 元,尚需后续治疗费 15,000 元,因南某公司未及时申报工伤,且迅某公司过错责任为 60%,导致的张某部分医疗费既未由深圳市人力资源和社会保障局支付,亦未由迅某公司赔付,该部分医疗费 18,774.68 元[(24,428.7 元 + 22,508 元) × 40%],依法应由南某公司负担。

【律师点评】

根据目前司法实践中的常见做法,如劳动者所受工伤是第三人导致的(如本案的交通事故),劳动者可以获得双向赔偿,即肇事者的人身损害赔偿和用人单位的工伤保险待遇。

虽然法规中也明确了用人单位所承担的工伤保险责任应扣除医疗费、辅助器具费和丧葬费,但劳动者或其近亲属在向用人单位请求工伤保险待遇时,如肇事者只承担了部分医疗费、辅助器具费或丧葬费(肇事者非全责),对于肇事者未承担的另一部分医疗费、辅助器具费或丧葬费,劳动者依然可以再向用人单位请求。

【HR 实务】

劳动者在上下班途中发生交通事故,被视作工伤的情况下(劳动者非主要责任的交通事故),用人单位该如何处理,分以下两种情况:

1. 用人单位已为劳动者购买工伤保险的

用人单位应在 30 日内及时向人力资源和社会保障局申请工伤认定,避免因未及时申报导致医疗费无法正常报销。只要购买了工伤保险并及时申请工伤认定,无论事故肇事方是否全责(100% 承担事故责任),员工的医疗费、残疾器具费、丧葬费等均可以通过社会保险经办机构报销。

2. 用人单位没有及时为劳动者购买工伤保险的

用人单位应积极协助劳动者或劳动者近亲属通过诉讼或协商的形式,向肇事者索赔,争取先让肇事者承担赔偿责任。若肇事者已经赔偿的医疗费、残疾器具费、丧葬费等,用人单位均无须重复赔偿前述项目的费用给劳动者。这样既可以为劳动者争取最大利益,也可以降低用人单位因管理不善未及时为劳动者购买工伤保险所可能导致的经济损失。

【法律链接】

最高人民法院《关于审理人身损害赔偿案件适用法律若干问题的解释》

第十二条 依法应当参加工伤保险统筹的用人单位的劳动者,因工伤事故遭受人身损害,劳动者或者其近亲属向人民法院起诉请求用人单位承担民事赔偿责任的,告知其按《工伤保险条例》的规定处理。

因用人单位以外的第三人侵权造成劳动者人身损害,赔偿权利人请求第三人承担民事赔偿责任的,人民法院应予支持。

(五)职工因工作过度劳累而患病的,不属于工伤

随着现代工作生活节奏的加快,加班成为很多"上班族"的工作常态,"过劳致死"的个案也不时会在大众媒体上被提及,引起了社会及司法体系的广泛关注。对于在工作时间内或工作岗位上"过劳致死"的员工应被认定为工伤已经不存在太大争议;但对于"过劳致病"的员工,该类疾病能否被认定为工伤并享受工伤待遇的问题,人们却甚少关注。

【真实案例】

参见深圳市中级人民法院(2013)深中法行终字第420号的行政判决书

1. 案情概述

刘某于2006年11月至2010年7月在某社区担任社区工作站的副站长职务,在2009年10月至12月7日,张某时常加班,工作压力大,体力严重透支。2009年12月7日下午,张某前往区政府1135室开会,在开会过程中,张某突发头痛就医,门诊病历显示张某于2009年12月7日前往医院就诊,被诊断为蛛网膜下腔出血、颈椎间盘突出。2012年8月20日,深圳市人力资源和社会保障局作出第621031001号《深圳市工伤认定书》,认定刘某于2009年12月7日在龙岗区政府会议厅因日常工作突发疾病,不属于或不视同工伤。

刘某认为，自己是由于工作过度劳累才引发疾病，参照原劳动部办公厅《关于在工作期间发病是否可比照工伤处理的复函》[1]依法应认定为工伤，故不服深圳市人力资源和社会保障局工伤认定，向法院提起行政诉讼，要求撤销前述工伤认定书。

2. 裁判结果

一审法院认为，深圳市人力资源和社会保障局作出的工伤认定符合法律规定，驳回了刘某的诉讼请求。深圳市中级人民法院维持了一审法院判决。

3. 裁判理由

深圳市中级人民法院认为，《工伤保险条例》第15条规定了视为工伤的情形，即"（一）在工作时间和工作岗位，突发疾病死亡或者在48小时之内经抢救无效死亡的；（二）在抢险救灾等维护国家利益、公共利益活动中受到伤害的；（三）职工原在军队服役，因战、因公负伤致残，已取得革命伤残军人证，到用人单位后旧伤复发的"。

本案中，结合刘某"在工作期间突发疾病"之具体情况，其情形明显不符合《工伤保险条例》第14条规定的第1项至第6项情形，也与第15条规定的第2项、第3项情形无关；唯一可能适用的是《工伤保险条例》第14条规定的第7项情形，即"（七）法律、行政法规规定应当认定为工伤的其他情形"。

原劳动部办公厅《关于在工作期间发病是否可比照工伤处理的复函》属于原劳动部办公厅发布的规范性文件，不属于"法律、行政法规"的范畴，其所规定的情形不构成《工伤保险条例》第14条第7项所指的"法律、行政法规规定应当认定为工伤的其他情形"。此外，我国除《工伤保险条例》之外的其他行政法规或法律，并没有规定因工作过度劳累而引发疾病的情形属于工伤。

【律师点评】

综合二审认定的事实，刘某确属在工作时间、工作场所履行工作职责期间，过度劳累致病，其情形值得社会大众关注与同情。但如站在法理角度分析，则不宜将过度劳累引发疾病的情形视同工伤。因为过度劳累引发疾病

[1] 此复函已于2016年5月31日废止。

是一种无法准确量化或准确判断的情形,毕竟员工也有可能因个人生活等原因引发疾病并在工作中突发。社会保险体系的保障本来就很有限,如果过度扩大认定和保障范围,最终受损的很可能是广大的工伤员工。所以,依据《工伤保险条例》为基本法律而建立的工伤保险制度并未将职工因工作劳累过度引发的疾病列入工伤保险保障范围。因此,深圳市人力资源和社会保障局认定刘某之情形不属于工伤,虽与情理有耽,却符合法律规定。

【HR实务】

过度劳累引发疾病的情形不被认定为工伤,无形中降低了企业人力资源成本的支出。企业要发展、要生存,想要企业自主控制员工的工作强度不太可能。但作为一个负责任的企业,可以在社会保险外,为员工购买人身商业险,从而给员工更多保障。

【法律链接】

《工伤保险条例》

第十四条 职工有下列情形之一的,应当认定为工伤:

(一)在工作时间和工作场所内,因工作原因受到事故伤害的;

(二)工作时间前后在工作场所内,从事与工作有关的预备性或者收尾性工作受到事故伤害的;

(三)在工作时间和工作场所内,因履行工作职责受到暴力等意外伤害的;

(四)患职业病的;

(五)因工外出期间,由于工作原因受到伤害或者发生事故下落不明的;

(六)在上下班途中,受到非本人主要责任的交通事故或者城市轨道交通、客运轮渡、火车事故伤害的;

(七)法律、行政法规规定应当认定为工伤的其他情形。

第十五条 职工有下列情形之一的,视同工伤:

(一)在工作时间和工作岗位,突发疾病死亡或者在48小时之内经抢救无效死亡的;

(二)在抢险救灾等维护国家利益、公共利益活动中受到伤害的;

(三)职工原在军队服役,因战、因公负伤致残,已取得革命伤残军人证,到用人单位后旧伤复发的。

职工有前款第(一)项、第(二)项情形的,按照本条例的有关规定享受工伤保险待遇;职工有前款第(三)项情形的,按照本条例的有关规定享受除一次性伤残补助金以外的工伤保险待遇。

(六)用人单位认为职工所受伤害不属于工伤的,应承担举证责任

员工在日常工作生活中,很可能因各种原因意外受伤,这些意外伤害既有可能是因为从事本职工作或从事单位临时指派的事务导致的,也可能是工作以外的原因导致的。员工一旦受到伤害,其是否属于工伤,到底该由哪一方来举证?人力资源和社会保障局工伤认定部门又该如何确定员工所受伤害是否属于工伤?

【真实案例】

参见深圳市中级人民法院(2015)深中法行终字第171号民事判决书

1. 案情概述

潘某2013年4月3日入职深圳市快某快送菜服务有限公司(以下简称快某快公司),2013年4月8日5时50分左右,潘某在跟车外出送货途中发生交通事故导致受伤,伤情稳定后,潘某于2013年9月22日向深圳市人力资源和社会保障局申请工伤认定,要求认定为工伤。潘某向该局提交了工伤认定申请表、身份证、道路交通事故认定书、仲裁裁决书、门诊病历等诊疗材料等申报材料。

深圳市人力资源和社会保障局在受理潘某的申请后,依法向快某快公司发出关于事故调查的通知,快某快公司向该局提交了回复函称:快某快公司不服劳动仲裁的结果已经依法提起诉讼。深圳市人力资源和社会保障局经核实后,于2014年5月27日作出深人社认字(罗)(2014)第420464001号《深圳市工伤认定书》,认定潘某受伤情形符合《广东省工伤保险条例》第9条第1项的规定,属于工伤。

快某快公司不服,提起了行政复议,深圳市人民政府于2014年9月10日作出深府复决(2014)816号行政复议决定书,维持了深圳市人力资源和社会保障局的具体行政行为。快某快公司仍不服,遂向原审法院提起行政诉讼。

2. 裁判结果

一审法院认为,快某快公司诉请撤销深圳市人力资源和社会保障局所作上述工伤认定,缺乏事实和法律依据,判决驳回快某快公司的诉讼请求。深圳市中级人民法院经庭审调查后,维持了一审法院判决。

3. 裁判理由

法院认为,深圳市人力资源和社会保障局作为深圳市劳动保障行政主管部门,依法有权对辖区内员工发生的事故伤害是否属于工伤进行认定。《广东省工伤保险条例》第9条第1项规定,职工在工作时间和工作场所内,因工作原因受到事故伤害的,应当认定为工伤。潘某于2013年4月8日在跟车外出送货途中受伤,该情形符合《广东省工伤保险条例》的上述规定。深圳市人力资源和社会保障局于2014年5月27日作出深人社认字(罗)(2014)第420464001号《深圳市工伤认定书》,认定潘某受伤属于工伤,并无违法或不当。

快某快公司主张其事发当天并未安排潘某乘坐车辆外出工作,潘某也并非在工作时间受伤,故其受伤不属于工伤。深圳市人力资源和社会保障局提交的病历材料、交通事故认定书可以证明潘某系在跟车外出送货途中发生交通事故受伤。《广东省工伤保险条例》第14条第3款规定,职工或者其近亲属、工会组织认为是工伤,用人单位不认为是工伤的,由用人单位承担举证责任。快某快公司亦未提交其他有效证据以证明其主张,故法院对其主张不予采纳。

【律师点评】

根据《广东省工伤保险条例》第14条第3款的规定,员工、家属或工会组织认为员工所受伤害属于工伤,用人单位如否认其属于工伤的,则必须提供证据证明不属于工伤,否则人力资源和社会保障局将依据员工方提交的或者该局自身调查核实的基本情况,站在合法性角度对是否属于工伤作出认定。

另外,由于工伤保险基金保障的是真正的工伤或职业病员工,其设立旨在分散社会千万企业的用工风险，故人力资源和社会保障局会依据自身职权对每个工伤申请进行调查核实，确定不属于工伤的，即便是用人单位和员工均认为属于工伤，该局也可以作出不属于工伤的认定。

【HR 实务】

如有员工受到意外事故，而用人单位通过自身核实后，认为其非因工受伤的，可以从以下几方面进行举证：

（1）举证证明员工受伤时不在岗位工作时间，也不在单位可控的工作场所。

（2）举证证明员工受伤并非单位的指派所致。

（3）举证证明员工受伤并非履行工作职责，也不是为了单位利益而受伤的。

（4）举证证明员工受伤与日常生产工作无关。

【法律链接】

《广东省工伤保险条例》

第十四条　社会保险行政部门受理工伤认定申请后，根据审核需要可以对事故伤害进行调查核实，用人单位、职工、工会组织、医疗机构以及有关部门有协助工伤调查和提供证据的义务。

职业病诊断和诊断争议的鉴定，依照职业病防治法的有关规定执行。对依法取得的职业病诊断证明书或者职业病诊断鉴定书，社会保险行政部门不再进行调查核实。

职工或者其近亲属、工会组织认为是工伤，用人单位不认为是工伤的，由用人单位承担举证责任。

(七)承包方没有主体资格,其职工因工伤亡的,发包方直接承担工伤赔偿责任

市场经济飞速发展,社会分工日渐明细、专业化,企业将自身不擅长的业务发包给第三方,有利于降低其经营成本、提高效益。但效益与风险往往是正相关的,收益越高,需要面临的风险自然也越高。以承包方聘用职工从事承包业务因工伤亡为例,发包方在何种情况下要承担工伤赔偿责任呢?

【真实案例】

参见深圳市中级人民法院(2015)深中法行终字第 867 号民事判决书

1. 案情概述

深圳市巍某建筑工程有限公司(以下简称巍某公司)将环球广场三期项目部分的木工劳务发包给了黄某,黄某承包下木工劳务后,招用了李某敏为其干活。李某敏于 2013 年 10 月 31 日 9 时 30 分左右在环球广场三期 21 地铁 3 栋 3 层电梯井门旁清理材料时被板面上掉下的一根 1.5 米长的钢管砸伤右手环指,后被送往泉州正骨医院诊断治疗。

深圳市人力资源和社会保障局于 2014 年 9 月 29 日向李某敏发出《工伤保险受理告知书》,并于同日作出深人社认字(南)(2014)第 440895001 号《深圳市工伤认定书》,认定李某敏于 2013 年 10 月 31 日在工作场所因日常工作受伤,其情形符合《广东省工伤保险条例》第 9 条第 1 项之规定,属工伤,由用工单位巍某公司承担工伤赔偿责任。

巍某公司不服工伤认定,遂向法院提起行政诉讼,要求:(1)撤销深圳市人力资源和社会保障局作出的深人社认字(南)(2014)第 440895001 号工伤认定书;(2)由深圳市人力资源和社会保障局承担本案诉讼费用。

2. 裁判结果

巍某公司诉请撤销深圳市人力资源和社会保障局的工伤认定行为,依据不足,一审法院不予支持,判决驳回巍某公司诉讼请求。深圳市中级人民法院经庭审调查后,维持了一审法院判决。

3. 裁判理由

法院认为,《广东省工伤保险条例》第40条第2款规定:“用人单位实行承包经营,使用劳动者的承包方不具备用人单位资格的,由具备用人单位资格的发包方承担工伤保险责任。”本案中,生效法律文书确认巍某公司与李某敏不存在劳动关系,巍某公司在庭审中自认黄某承包了环球广场三期项目部分的劳务。根据黄某木工班组入职登记表的记录,李某敏为黄某木工组成员。深圳市人力资源和社会保障局据此认定由具备用人单位资格的发包方,即巍某公司承担李某敏的工伤保险责任,符合上述条例的规定。

【律师点评】

在劳动法工伤赔偿领域,为了更大程度地保护劳务人员,根据《广东省工伤保险条例》第40条第2款的规定,承包方如果没有“用人单位主体资格”,发包方要承担本该由承包方直接承担的工伤赔偿责任。前述法律规定旨在敦促发包方选择有办理工商注册的企业法人作为承包方,因为只有具备用人单位主体资格的承包方才能为其聘用的职工购买工伤医疗保险,职工也才能受到最直接有效的保护。

【HR实务】

企业如需要将自身非主营业务外包(发包)给第三方完成,应对承包方提出如下几项要求:

(1)承包方应具备用人单位主体资格,能够依法为自身聘用的职工购买工伤和医疗保险。

(2)对承包方劳务作业的安全保护措施必须书面约定清楚,同时一旦发现承包方人员的作业存在安全隐患,必须责令承包方改正,并保留相应催告改正的证据材料。

(3)对有资质验证要求的特种行业,如建筑工程施工行业的劳务发包或分包,承包方还需提供相应劳务作业的资质证书给发包方备案。

【法律链接】

《广东省工伤保险条例》

第四十条 用人单位实行承包经营的,工伤保险责任由职工劳动关系所在单位承担。

用人单位实行承包经营,使用劳动者的承包方不具备用人单位资格的,由具备用人单位资格的发包方承担工伤保险责任。

非法承包建筑工程发生工伤事故,劳动者的工伤待遇应当由分包方或者承包方承担,分包方或者承包方承担工伤保险责任后有权向发包方追偿。职工被借调期间受到工伤事故伤害的,由原用人单位承担工伤保险责任,但原用人单位与借调单位可以约定补偿办法。

(八)劳动者离职后被诊断为职业病的,未对劳动者做离职健康检查的用人单位需要承担工伤赔偿责任

《职业病防治法》第35条第1款规定,对从事接触职业病危害的作业的劳动者,用人单位应当按照国务院卫生行政部门的规定组织上岗前、在岗期间和离岗时的职业健康检查,并将检查结果书面告知劳动者。职业健康检查费用由用人单位承担。根据上述规定,对从事接触有职业病危害的工作的劳动者,用人单位需要在其上岗前和离职时,为其安排健康检查,并告知检查结果。但现实生活中,绝大多数的用人单位都不会为劳动者做离职时的职业病健康检查。那么劳动者在离职一段时间后,如发现自己得了职业病,原用人单位需不需要承担工伤赔偿责任?如果原用人单位需要承担责任,原用人单位能否以劳动者是离职后从事了有职业病危害的工作为由进行免责抗辩,或者以劳动者入职前在前一个单位已经从事了有职业病危害的工作为由进行免责抗辩呢?

【真实案例】

参见深圳市中级人民法院(2015)深中法行终字第870号行政判决书

1. 案情概述

2007年7月至2008年8月、2008年8月至2009年5月、2010年1月至9月,徐某分别在深圳市山某田模型艺术设计有限公司、深圳市尼某艺术设

计有限公司和深圳市赛某模型有限公司(以下简称赛某公司)处从事建筑模型师或建筑绘图师工作,均有接触天那水、三氯甲烷,偶尔接触油漆。

2014 年 10 月 17 日,徐某向深圳市人力资源和社会保障局提出工伤认定申请,称其 2010 年在赛某公司处从事建筑模型师工作,有接触天那水、三氯甲烷,曾连续高烧不退,时间很长。徐某向该局提交了身份证、职业病诊断证明书、医院检查报告单、企业法人登记及备案信息查询单、工伤个人缴费记录等材料。其中,深圳市职业病防治院出具的《职业病诊断证明书》显示,用人单位为赛某公司,诊断结论为职业性慢性重度苯中毒(再生障碍性贫血)。

深圳市人力资源和社会保障局收到上述申请材料后,向赛某公司发出《关于伤亡事故调查处理的通知》。赛某公司回复该局称,徐某于 2010 年 1 月至 2010 年 9 月在其公司就职,工作内容为楼体手工制作,会接触到三氯甲烷(化胶水黏合剂)、天那水进行黏合及清洁,其工作场所于 2014 年 4 月经龙华新区疾病预防控制中心检测,均未发现含有苯的有害物质挥发。后赛某公司又补充说明,徐某在其公司工作时间较短,且徐某在包括赛某公司在内的三家不同的模型制作公司工作过,其工种均为建筑模型师或建筑绘图工程师,都会接触化学品。另外,徐某离职后从事的职业有待查证,经赛某公司初步查证,至 2014 年 9 月 9 日止,徐某的社会保险为正常状态,说明其仍在工作中。收到赛某公司的回复后,深圳市人力资源和社会保障局查询了徐某的工伤保险个人清单及申报数据,以上证据表明,徐某的工伤保险缴至 2010 年 8 月,自申报时间 2010 年 9 月 9 日至查询日 2014 年 10 月 17 日止徐某的社会保险处于停交状态。

2014 年 10 月 17 日,深圳市人力资源和社会保障局作出《深圳市工伤认定书》,认定徐某于 2014 年 6 月 30 日在厂内诊断为职业病受伤,根据申请人提供的诊断书(或病历本)诊断为职业性慢性重度苯中毒(再生障碍性贫血),其情形符合《广东省工伤保险条例》第 9 条第 4 项的规定,属工伤。

赛某公司收到上述工伤认定书后不服,遂向法院提起行政诉讼,要求:(1)撤销深圳市人力资源和社会保障局作出的《深圳市工伤认定书》;(2)由深圳市人力资源和社会保障局承担本案诉讼费。

2. 裁判结果

一审法院认为,赛某公司请求撤销深圳市人力资源和社会保障局作出的工伤认定书，缺乏事实和法律依据，依法判决驳回赛某公司的诉讼请求。深圳市中级人民法院认为，一审认定事实清楚，适用法律正确，判决驳回上诉，维持原判。

3. 裁判理由

法院认为，对徐某于 2010 年 1 月至 9 月在赛某公司处工作并于 2014 年 6 月 30 日被诊断为职业性慢性重度苯中毒（再生障碍性贫血）的事实，赛某公司、深圳市人力资源和社会保障局及徐某均无异议，且有工伤个人缴费记录及职业病诊断证明书等相关证据可予证实，法院予以确认。

本案的争议焦点是：徐某所患职业病是否为其在赛某公司处从事的工作所致。

《广东省工伤保险条例》第 14 条规定，对依法取得的职业病诊断证明书或者职业病诊断鉴定书，社会保险行政部门不再进行调查核实。职工或者其近亲属、工会组织认为是工伤，用人单位不认为是工伤的，由用人单位承担举证责任。本案中，深圳市人力资源和社会保障局在受理徐某的工伤认定申请后，根据深圳市职业病防治院作出的职业病诊断证明书及相关调查，依法确认赛某公司为用人单位并作出《深圳市工伤认定书》，符合上述规定，法院予以支持。

赛某公司主张徐某先后供职三家模型公司，而深圳市人力资源和社会保障局仅认定徐某在赛某公司一家公司工作期间患职业病缺乏客观性和公正性，赛某公司否认徐某因在其处工作而患职业病，赛某公司作为用人单位应承担举证责任，而赛某公司未能提供证据证明徐某是在入职赛某公司处之前患病，故对该主张法院不予采纳。

赛某公司主张深圳市龙华新区疾病预防控制中心于 2014 年 4 月对赛某公司工作场所进行检测，检测结论为“原材料有机挥发组分检验报告示：天那水、化胶水（三氯甲烷）、油漆均未检出苯”。首先，赛某公司未向法院提交该份检测报告，法院对其真实性难以确认；其次，深圳市职业病防治院是依法承担职业病诊断的医疗卫生机构，其作出的职业病诊断证明是在综合分析有关因素后作出的，而赛某公司并未依法对该职业病诊断证明提出过异议；最后，赛某公司主张的检测时间是在职业病诊断证明书之前作出，与徐某的工作时间相距较远，因此，即便该检测结果是真实的，赛某公司主张的检测结果并不能否定职业病诊断证明的有效性，也无法否定赛某公司的工作场所与徐某患病存在法律上的因果关系。故对赛某公司的该项主张，法院不予采纳。

综上所述，深圳市人力资源和社会保障局作出的《深圳市工伤认定书》，认定事实清楚，适用法律法规正确，程序合法。赛某公司请求撤销深圳市人力资源和社会保障局作出的工伤认定书，缺乏事实和法律依据，法院不予采纳。

【律师点评】

通过案例分析，对上述《职业病防治法》第 36 条的规定可以作如下延伸理解：

（1）用人单位如果招用劳动者从事有职业病危害的工作，应当对新入职的劳动者在上岗前做好职业病健康检查，以核实其上岗前是否已患职业病，否则只要劳动者在上岗后患职业病，现任单位均需承担工伤赔偿责任。

（2）用人单位也应当对从事有职业病危害工作的劳动者，在其离职时安排职业病健康检查。否则一旦劳动者在离开企业后被诊断为职业病，用人单位如果无法证明其上岗前已经患有职业病，抑或用人单位无法证明其离职时经检查没有职业病，则劳动者若起诉用人单位要求承担工伤赔偿责任的，绝大多数用人单位都可能会因为举证不能而败诉。

【HR 实务】

用人单位在招用劳动者从事有职业病危害的工作时，应注意如下事项：

（1）签订劳动合同前就安排劳动者进行入职前的健康检查（包含职业病健康检查）。避免签了劳动合同要上岗了才去检查——因为对于劳动者入职后是否已经上岗工作，用人单位很难举证到位。

（2）不定期委托第三方对工作环境进行检测，并保留检测数据作为证据。劳动者从事的工作虽有职业病危害，但工作环境符合健康要求的一般不会引起职业病。

（3）安排劳动者在离职时做健康检查，并让劳动者在健康检查报告上签字确认检查结果，否则用人单位依《职业病防治法》不得解除劳动合同或终止关系。

【法律链接】

1.《职业病防治法》

第三十五条 对从事接触职业病危害的作业的劳动者，用人单位应当按照国务院卫生行政部门的规定组织上岗前、在岗期间和离岗时的职业健康检查，并将检查结果书面告知劳动者。职业健康检查费用由用人单位承担。

用人单位不得安排未经上岗前职业健康检查的劳动者从事接触职业病危害的作业；不得安排有职业禁忌的劳动者从事其所禁忌的作业；对在职业健康检查中发现有与所从事的职业相关的健康损害的劳动者，应当调离原工作岗位，并妥善安置；对未进行离岗前职业健康检查的劳动者不得解除或者终止与其订立的劳动合同。

职业健康检查应当由取得《医疗机构执业许可证》的医疗卫生机构承担。卫生行政部门应当加强对职业健康检查工作的规范管理，具体管理办法由国务院卫生行政部门制定。

2.《广东省工伤保险条例》

第十四条 社会保险行政部门受理工伤认定申请后，根据审核需要可以对事故伤害进行调查核实，用人单位、职工、工会组织、医疗机构以及有关部门有协助工伤调查和提供证据的义务。

职业病诊断和诊断争议的鉴定，依照职业病防治法的有关规定执行。对依法取得的职业病诊断证明书或者职业病诊断鉴定书，社会保险行政部门不再进行调查核实。

职工或者其近亲属、工会组织认为是工伤，用人单位不认为是工伤的，由用人单位承担举证责任。

十二、劳 务 派 遣

（一）劳务派遣单位给劳动者造成损害，用工单位没有过错的，无须与派遣单位承担连带赔偿责任

2008 年 1 月 1 日出台的《劳动合同法》第 92 条规定："……给被派遣劳动者造成损害的，劳务派遣单位与用工单位承担连带赔偿责任。"

2012 年 12 月 28 日修正的《劳动合同法》第 92 条相关内容变更为："用工单位给被派遣劳动者造成损害的，劳务派遣单位与用工单位承担连带赔偿责任。"

综合对比上述两条法规，修改前，劳务派遣单位与用工单位是相互承担连带责任的。任何一方存在违反劳动法行为的，另一方均需承担连带责任，即双连带原则。修改后，仅是劳务派遣单位对用工单位的违法行为承担连带责任，而对于劳务派遣单位的违法行为，用工单位不再承担连带责任，即单连带原则。

【真实案例】

参见深圳市中级人民法院（2014）深中法劳终字第 884 号民事判决书

1. 案情概述

周某于 2007 年 5 月入职深圳市港某旅快线运输有限公司（以下简称港某旅公司），2008 年 6 月改为与劳务派遣单位深圳市深某人力资源开发有限公司（以下简称深某公司）签订劳动合同，并由港某旅公司继续用工。2013 年 5 月 29 日，周某因违反港某旅公司《工作流程》第 4 条第 27 款的规定，被港某旅公司认定为严重违纪，被退回派遣单位深某公司。深某公司则以周某 2013 年 5 月 9 日的行为违反管理规定为由，与周某解除劳动合同。周某

遂起诉港某旅公司和深某公司,要求支付违法辞退赔偿金44,492.5元,两公司承担连带赔偿责任。

2. 裁判结果

深圳市中级人民法院判定,港某旅公司无须对深某公司的上述支付赔偿责任承担连带责任。

3. 裁判理由

根据2013年7月1日实施的,修正后的《劳动合同法》第92条第2款的规定,用工单位给被派遣劳动者造成损害的,劳务派遣单位与用工单位承担连带赔偿责任。因本案是劳务派遣单位深某公司违法与周某解除劳动合同,与用工单位港某旅公司无关,因此港某旅公司无须对深某公司的上述支付赔偿责任承担连带责任。

【律师点评】

本案的情况是劳务派遣单位单方解除劳动者的劳动合同,劳动者不服,要求劳务派遣单位支付违法解除的赔偿金。这种情况下,法院判劳务派遣单位单独承担责任,没有要求用工单位一起承担连带赔偿责任。我们认为,这样的一个制度安排,是考虑如果劳务派遣单位认为用工单位退回劳动者的做法不符合双方订立劳务派遣协议中的约定,劳务派遣单位可以通过另行提起劳务派遣协议履行纠纷诉讼,追究用工单位的民事责任,而不是让一个和劳动者没有劳动关系的用工单位来承担违法解除劳动合同的赔偿责任。

【HR实务】

结合《劳动合同法》第62条,《劳务派遣暂行规定》第3条、第4条的规定,用工单位应当承担的责任如下:

(1)执行国家劳动标准,提供相应的劳动条件和劳动保护。

(2)告知被派遣劳动者的工作要求和劳动报酬。

(3)支付加班费、绩效奖金,提供与工作岗位相关的福利待遇。

(4)对在岗被派遣劳动者进行工作岗位所必需的培训。

(5)连续用工的,实行正常的工资调整机制。

(6)用工单位只能在临时性、辅助性或者替代性的工作岗位上使用被派遣劳动者。

(7)用工单位应当严格控制劳务派遣用工数量,使用的被派遣劳动者数量不得超过其用工总量的10%。

如用工单位违法造成劳动者损害的,则仍然需要按照《劳动合同法》第92条的规定与劳务派遣单位承担连带赔偿责任。

【法律链接】

1.《劳动合同法》

第六十二条 用工单位应当履行下列义务:

(一)执行国家劳动标准,提供相应的劳动条件和劳动保护;

(二)告知被派遣劳动者的工作要求和劳动报酬;

(三)支付加班费、绩效奖金,提供与工作岗位相关的福利待遇;

(四)对在岗被派遣劳动者进行工作岗位所必需的培训;

(五)连续用工的,实行正常的工资调整机制。

用工单位不得将被派遣劳动者再派遣到其他用人单位。

第九十二条 违反本法规定,未经许可,擅自经营劳务派遣业务的,由劳动行政部门责令停止违法行为,没收违法所得,并处违法所得一倍以上五倍以下的罚款;没有违法所得的,可以处五万元以下的罚款。

劳务派遣单位、用工单位违反本法有关劳务派遣规定的,由劳动行政部门责令限期改正;逾期不改正的,以每人五千元以上一万元以下的标准处以罚款,对劳务派遣单位,吊销其劳务派遣业务经营许可证。用工单位给被派遣劳动者造成损害的,劳务派遣单位与用工单位承担连带赔偿责任。

2.《劳务派遣暂行规定》

第三条 用工单位只能在临时性、辅助性或者替代性的工作岗位上使用被派遣劳动者。

前款规定的临时性工作岗位是指存续时间不超过6个月的岗位;辅助性工作岗位是指为主营业务岗位提供服务的非主营业务岗位;替代性工作岗位是指用工单位的劳动者因脱产学习、休假等原因无法工作的一定期间内,可以由其他劳动者替代工作的岗位。

用工单位决定使用被派遣劳动者的辅助性岗位,应当经职工代表大会或者全体职工讨论,提出方案和意见,与工会或者职工代表平等协商确定,并在用工单位内公示。

第四条 用工单位应当严格控制劳务派遣用工数量,使用的被派遣劳动者数量不得超过其用工总量的10%。

前款所称用工总量是指用工单位订立劳动合同人数与使用的被派遣劳动者人数之和。

计算劳务派遣用工比例的用工单位是指依照劳动合同法和劳动合同法实施条例可以与劳动者订立劳动合同的用人单位。

第二十六条 用人单位将本单位劳动者派往境外工作或者派往家庭、自然人处提供劳动的,不属于本规定所称劳务派遣。

(二)在劳务派遣用工条件与比例被法律法规严格限制的情况下,可采用劳务外包的方式降低用工成本

人力资源和社会保障部于2014年3月1日实施的《劳务派遣暂行规定》就派遣岗位"三性"的确定、劳务派遣用工比例、被派遣劳动者的退回和违规处罚规则等进行了明确规定。以往习惯于使用劳务派遣以降低用工成本的大企业(尤其是国有企业)及事业单位,无疑面临着人力资源成本管理上的新挑战。但国务院《关于促进服务外包产业加快发展的意见》第6条规定:"……鼓励企业特别是工业企业打破'大而全'、'小而全'的一体化格局,购买非核心业务的专业服务。引导服务外包企业通过兼并重组,优化资金、技术、人才等资源要素配置,实现优势互补。政府部门要不断拓宽购买服务领域,将可外包业务委托给专业服务企业。"则给另一种存在较大争议的用工方式"劳务外包"(服务外包)提供了合法化的法律依据。

【真实案例】

参见上海市第二中级人民法院(2014)沪二中民一民终字第408号民事判决书

1. 案情概述

2012年5月31日16时30分,上海吉某境物业管理有限公司(以下简

称吉某境公司)的员工刘某在上海市嘉定区江桥镇高潮路×××号康某莱公司门口担任保安值班期间,因琐事被程某宇激怒并与之发生冲突,后刘某手持钢管追打已逃跑的程某宇,击中其头部,造成程某宇因外伤所致重型颅脑损伤等。

后程某宇诉至法院,请求判令刘某及康某莱公司、吉某境公司赔偿其各项损失,共计1,288,161.01元。

2. 裁判结果

上海市第二中级人民法院判定,吉某境公司应于判决生效之日起10日内赔偿667,015.89元。刘某对吉某境公司前述付款义务承担连带责任。

3. 裁判理由

上海市中级人民法院认为,劳务派遣,是指由劳务派遣单位与被派遣劳动者签订劳动合同,然后向用工单位派出该员工,使其在用工单位的工作场所内劳动,接受用工单位的指挥、监督,以完成劳动力和生产资料的结合的一种特殊用工方式。劳务外包,是指企业将其部分业务或职能工作发包给相关机构,由该机构自行安排人员按照企业的要求完成相应的业务或工作。

本案中,康某莱公司与吉某境公司订立保安服务合同以及吉某境公司提供的员工手册、每周会议记录,可以证明康某莱公司委托吉某境公司对康某莱公司厂区提供保安服务,吉某境公司享有对劳动者和劳动生产的管理权,掌握对劳动者及生产过程的管理控制,直接对厂区保安进行指挥、监督和管理。而康某莱公司不直接参与厂区保安的管理,不对厂区保安实施指挥、控制,也并不直接向劳动者发放劳动报酬。显然,刘某、康某莱公司、吉某境公司三者之间不形成劳务派遣关系。刘某与吉某境公司构成劳动合同关系,康某莱公司、吉某境公司之间形成服务合同关系,而刘某与康某莱公司并不构成任何直接的法律关系。

刘某在工作时间、工作岗位,因工作原因与程某宇发生纠纷致程某宇受伤,鉴于刘某系在履行职务过程中致人损害,该赔偿责任应由用人单位即吉某境公司承担。刘某自愿承担连带责任,法院予以准许。

【律师点评】

从上述法院判决的结果及理由不难看出,法律层面是认可"劳务外包"的。有别于一般人认知的"劳务派遣",结合上述法院的判定,两者最核心的

区别在于:

1. 经营资质

在劳务派遣关系中,劳务派遣公司取得《劳务派遣经营许可证》;在劳务外包关系中,除国家有特殊资质要求的以外,承包方不需获得国家机关的特别行政许可。

2. 对服务人员的监督管理权限

在劳务派遣关系中,实际用工单位直接给服务人员下达工作指令,同时有权监督其完成工作情况;在服务外包关系中,发包方基本不能对服务人员进行管理,服务人员只接受承包方的工作安排和监督。

3. 对第三方造成损害的责任承担

在劳务派遣关系中,如劳务派遣劳动者在工作中给第三方造成损害,实际用工单位作为实际用工方,需要向第三方承担赔偿责任;在劳务外包关系中,如服务人员在工作中给第三方造成损害,承包单位作为实际用工方,需要向第三方承担赔偿责任,发包方则无须承担任何责任。

4. 工作成果的判定标准

在劳务派遣关系中,实际用工单位根据劳务派遣公司派遣的劳动者数量、工作时间,向劳务派遣公司支付管理费;在劳务外包关系中,发包方根据外包业务的完成情况向承包方支付劳务费,至于承包方使用劳务人员的数量和时间所涉及的工资报酬,一般和发包方支付的劳务费数额没有直接关系。

【HR 实务】

1. 应对劳务外包合同中的条款进行审查,避免劳务外包合同条款与劳务派遣协议相关条款近似

严格按照两者的基本区别对劳务外包合同进行审改,例如,服务费用应当以完成工作的情况作为结算依据,不应约定服务提供人员的工作时间、薪酬标准、退回机制等。

2. 选择工作成果能够量化的劳务进行外包

只有能够明确量化验收的工作成果,企业在接受承包单位的服务的过程中才无须直接对服务人员进行工作安排或监督,因此建议选择此类可以量化的工作进行外包,避免因其间对服务人员进行直接管理而被法院认定为劳务派遣关系，进而承担与用工单位相关的连带责任。

3. 不对服务人员进行直接管理

在接受承包方提供的劳务时，应尽量避免对服务人员进行管理，也不要对服务人员直接适用本企业的规章制度。如对服务人员提供的服务不满意，应要求承包方进行整改，而不是直接对服务人员下指令。

【法律链接】

国务院《关于促进服务外包产业加快发展的意见》

（六）培育壮大市场主体。支持各类所有制企业从事服务外包业务，鼓励服务外包企业专业化、规模化、品牌化发展。推动服务外包企业提升研发创新水平，通过国家科技计划（专项、基金等）引导和支持企业开展集成设计、综合解决方案及相关技术项目等研发。鼓励服务外包企业加强商业模式和管理模式创新，积极发展承接长期合约形式的服务外包业务。培育一批创新能力强、集成服务水平高、具有国际竞争力的服务外包龙头企业。支持一批“专、精、特、新”的中小型服务外包企业。鼓励企业特别是工业企业打破“大而全”、“小而全”的一体化格局，购买非核心业务的专业服务。引导服务外包企业通过兼并重组，优化资金、技术、人才等资源要素配置，实现优势互补。政府部门要不断拓宽购买服务领域，将可外包业务委托给专业服务企业。

十三、“三期”女职工

（一）“三期”女职工调岗需遵循特别保护原则，有正当理由“可调岗不可降薪”

“三期”女职工，是指处在孕期、产期和哺乳期的妇女。由于“三期”女职工特殊的生理特征，国家法律规定对处于“三期”的女职工实行特殊的劳动保护和待遇。在“三期”女职工不能胜任工作等情形下，用人单位可以对其做单方调岗；但调岗的理由需正当合理，调整后的岗位也不应是女职工不宜从事的工作。用人单位在操作“三期”女职工调岗时需遵循特别保护的原则，在协商一致或有其他合理理由时，用人单位可调岗，但不能降薪。

【真实案例】

参见深圳市中级人民法院（2014）深中法劳终字第2438号民事判决书

1. 案情概述

2010年3月18日，匡某入职深圳市有某配销有限公司（以下简称有某公司）任采购经理。双方签订了劳动合同，约定月工资为6000元。

2012年，匡某怀孕。当年6月，有某公司发出处罚通知，以匡某不能胜任工作为由，自2012年7月20日起免除其采购经理职务，每月工资调整为3500元。

2012年12月3日至2013年5月19日，匡某休产假期间，有某公司仅按照匡某入职时的基本工资2768元/月，支付了产假工资。

匡某对上述处罚结果不服，在休完产假后，于2013年7月3日通过邮寄方式向有某公司发出《解除劳动合同通知书》，理由为有某公司免除其职务并克扣其工资。

2. 裁判结果

该案经深圳市中级人民法院二审，最终认定有某公司对匡某降职降薪的处罚不具有合理性，应按照原工资标准即6000元/月补足其2012年7月20日至2013年5月19日的工资差额。

3. 裁判理由

该案审理过程中，有某公司提供了采购经理职位说明书、会议签到表、现金费用报销单、部分电子邮件及一份处罚通报等证据，证明匡某不能胜任工作，未按照公司规定按时参加每周例会，未履行至门店巡查的职责等失职行为受到处罚而被免职降薪。

经审理，深圳市中级人民法院对有某公司的上述抗辩未予采纳，并就有某公司对匡某作出的降职降薪处理是否合理这一关键问题，作出如下判决要点：

（1）有某公司虽提供了采购经理职位说明书、会议签到表、现金费用报销单、部分电子邮件及一份处罚通报等证据证明匡某存在失职行为，公司以其不能胜任工作处以免职降薪。但上述采购经理职位说明书中关于履职的要求并无公示或经员工签名确认，不能作为用工管理的制度来约束员工。

（2）有某公司依据处罚通报已对匡某作出罚款处理，基于同一失职行为再行给予免职和降薪违反了"一事不二罚"的法律宗旨。

（3）即便匡某不胜任原岗位，用人单位也可根据生产经营的需要安排其至与原岗位相当的岗位；有某公司不仅未作出任何安排调整，且给予降薪的幅度亦超过合理范围（40%），具有一定的惩罚性。

（4）匡某因怀孕初期妊娠反应较大影响工作表现，有某公司未考虑此特殊情况即对匡某作出降职降薪的处理过于严苛，违背了对"三期"女职工给予特别保护的法律宗旨。

【律师点评】

实践中，用人单位因各种原因调整"三期"女职工的工作岗位，以变相达到降薪目的的行为时有发生。但无论是否调整工作岗位，用人单位均不能因为女职工处于"三期"而降低其薪酬待遇。

在法定情形下，用人单位享有单方调岗权。例如，根据《劳动合同法》的相关规定，在劳动者不能胜任工作的情况下，用人单位可以单方调整其工作岗位。鉴于劳动法律法规对"三期"女职工的特殊保护政策，在对"三期"女职工调岗时,应当符合其身体状况,调整后的工作岗位不能是其不宜从事的工作。

本案中,有某公司以匡某存在失职行为,不能胜任工作为由,先处以罚款,再免职降薪,不仅没有考虑匡某的特殊生理状况,对其进行特殊保护,反而"一事双罚"。有某公司的行为已明显与"三期"女职工保护的法律法规相违,不仅要承担经济补偿金,还需按照匡某怀孕前工资标准补足匡某自怀孕之日起至劳动合同解除之日止的工资差额。

【HR实务】

由于"三期"女职工特殊的生理特征,国家法律规定对处于"三期"的女职工实行特殊的劳动保护和待遇。对于用人单位单方安排调岗的,法律未作出明确规定,实践中争议多发。一般来说,用人单位安排"三期"女职工调岗的,需要特别注意规避以下法律风险:

(1)用人单位在调整"三期"女职工岗位、薪酬待遇时,首先应当明确法律对"三期"女职工施以特别保护原则。在调整"三期"女职工岗位、薪酬待遇时,应当具有正当合理性,并尽量采取协商一致的方式进行。需考虑"三期"女职工特殊的生理状况对其工作的影响,无论调整岗位还是薪酬待遇,均不得带有不合理的惩罚性质。

(2)对于"三期"女职工,用人单位"可调岗不可降薪"。根据《女职工劳动保护特别规定》的规定,用人单位不得因女职工怀孕、生育、哺乳降低其工资。用人单位降低"三期"女职工薪酬待遇的,劳动者可以用人单位克扣劳动报酬为由提出被迫离职,主张经济补偿金;并要求用人单位按照原工资标准补足其工资差额。

(3)出于对"三期"女职工的特殊保护考虑,在"三期"女职工不能胜任现任工作时,可以对其岗位进行适当调整。如果"三期"女职工现工作岗位工作强度过大,对其身体健康可能产生影响,用人单位可以对其岗位作出适当调整。但需要注意的是,调整后的岗位不应是其不宜从事的工作。

【法律链接】

1.《劳动法》

第六十一条 不得安排女职工在怀孕期间从事国家规定的第三级体力劳动强度的劳动和孕期禁忌从事的劳动。对怀孕七个月以上的女职工,不得安排其延长工作时间和夜班劳动。

2.《女职工劳动保护特别规定》

第四条 用人单位应当遵守女职工禁忌从事的劳动范围的规定。用人单位应当将本单位属于女职工禁忌从事的劳动范围的岗位书面告知女职工。

女职工禁忌从事的劳动范围由本规定附录列示。国务院安全生产监督管理部门会同国务院人力资源社会保障行政部门、国务院卫生行政部门根据经济社会发展情况，对女职工禁忌从事的劳动范围进行调整。

第五条 用人单位不得因女职工怀孕、生育、哺乳降低其工资、予以辞退、与其解除劳动或者聘用合同。

第六条 女职工在孕期不能适应原劳动的，用人单位应当根据医疗机构的证明，予以减轻劳动量或者安排其他能够适应的劳动。

对怀孕7个月以上的女职工，用人单位不得延长劳动时间或者安排夜班劳动，并应当在劳动时间内安排一定的休息时间。

怀孕女职工在劳动时间内进行产前检查，所需时间计入劳动时间。

（二）“三期”女职工劳动合同到期后自动续延，用人单位终止的构成违法终止，须支付赔偿金

根据《劳动合同法》的相关规定，劳动合同期满，女职工在孕期、产期、哺乳期的，劳动合同续延至相应的情形消失时终止。在此期间，用人单位终止双方的劳动合同的，将构成违法解除，不仅面临支付违法解除劳动合同赔偿金的法律风险，在劳动者选择继续履行原劳动合同的情况下，用人单位还可能需支付违法解除期间的工资差额。

【真实案例】

参见深圳市中级人民法院（2015）深中法劳终字第4600号民事判决书

1. 案情概述

刘某在国某君安证券股份有限公司深圳上步中路证券营业部（以下简

称国某君安上步中路营业部)任职,离职前 12 个月的平均工资为 14,152.5 元。

2014 年 3 月 26 日刘某生育,哺乳期至 2015 年 3 月 25 日结束。

2015 年 3 月 3 日,国某君安上步中路营业部向刘某发出《关于终止劳动合同的通知函》,通知刘某于 2015 年 3 月 17 日期满后不再续签劳动合同,请刘某于 2015 年 3 月 17 日前办理离职手续。

哺乳期结束后,刘某因对国某君安上步中路营业部终止劳动合同的决定不服,于 2015 年 4 月 7 日向深圳市福田区劳动人事争议仲裁委员会申请劳动仲裁,要求国某君安上步中路营业部向其支付违法解除劳动合同的赔偿金 11 万余元。

国某君安上步中路营业部主张,2015 年 3 月 23 日及 4 月 21 日为刘某缴交了住房公积金,于 2015 年 3 月 25 日为刘某缴纳了当月的社会保险费,于 2015 年 4 月 29 日支付了刘某 2015 年 3 月 18 ~ 25 日的工资 1609.7 元,已从实际行动上延续双方劳动关系至刘某哺乳期满,不存在违法终止劳动合同的情形。

2. 裁判结果

该案经深圳市中级人民法院终审,认定国某君安上步中路营业部在刘某哺乳假未满前与其终止劳动合同违反法律规定,依法应向刘某支付违法终止劳动合同的赔偿金 11 万余元。

3. 裁判理由

深圳市中级人民法院的主要判决理由如下:

(1)国某君安上步中路营业部在刘某劳动合同期满时通知终止的做法不符合法律规定。

根据《劳动合同法》第 45 条的规定,劳动合同应当延至哺乳期满时终止。国某君安上步中路营业部与刘某终止劳动合同时,刘某尚处于哺乳期,故国某君安上步中路营业部通知刘某于 2015 年 3 月 17 日终止劳动合同不符合法律规定。

(2)国某君安上步中路营业部事后为刘某补缴住房公积金和社会保险费、支付部分工资的行为,不能认定其已延期履行了劳动合同。

国某君安上步中路营业部主张在终止劳动合同后已予以事后补救措施,不存在违法终止劳动合同的故意和事实。法院认为,国某君安上步中路营业部为刘某缴交住房公积金和社会保险费的行为,不能认定国某君安上步中路营业部已延期履行了劳动合同。国某君安上步中路营业部支付刘某工资亦在其提起劳动仲裁之后,此前亦未通过正式的书面形式告知刘某续延劳动合同。

综上所述,国某君安上步中路营业部在刘某哺乳假未满前与其终止劳动合同违反法律规定,依法应向刘某支付违法终止劳动合同的赔偿金。

【律师点评】

《劳动合同法》规定,劳动合同期满,女职工在孕期、产期、哺乳期的,劳动合同应当顺延至相应情形消失时终止,这就是常见的“三期”女职工劳动合同到期顺延的规定。关于这一法律规定,应做如下两方面理解:

其一,在劳动合同期满的情形下,用人单位不得终止“三期”女职工的劳动合同,而应当顺延至“三期”结束。这是法律的强制性规定,本案国某君安上步路营业部败诉的原因正在于没有遵守该规定。

其二,“三期”女职工劳动合同到期顺延的规定,仅存在于劳动合同期满终止这一种情形。在因公司解散等其他原因导致劳动合同终止的情形下,“三期”女职工的劳动合同并无特别,正常终止。

【HR 实务】

第一,劳动合同期满,女职工在孕期、产期、哺乳期的,劳动合同续延至相应的情形消失时终止。

劳动合同期满,女职工在孕期、产期、哺乳期的,劳动合同续延至相应的情形消失时终止,该规定是《劳动合同法》的强制性规定,用人单位未延续的,构成违法终止。此时,用人单位需根据劳动者的诉求承担违法终止劳动合同的赔偿金或支付违法终止期间的工资、继续履行劳动合同等不利后果。

需要特别注意的是,即使女职工在劳动合同终止后才发现怀孕,如果有医疗机构的证据证明怀孕的事实发生在女职工在职期间,用人单位应当撤销终止劳动合同的决定,及时恢复与女职工的劳动关系。

第二,在发生《劳动合同法》规定的劳动合同期满以外的其他终止事由时,用人单位与“三期”女职工的劳动合同正常终止。

《劳动合同法》第 45 条规定:“劳动合同期满,有本法第四十二条规定情形之一的,劳动合同应当续延至相应的情形消失时终止”。在发生劳动合同期满以外的其他终止事由时,用人单位与“三期”女职工的劳动合同可正常终止。例如,在发生公司解散的情形时,用人单位无须对“三期”女职工作出额外的补偿,双方的劳动合同也随着公司解散而终止。

【法律链接】

《劳动合同法》

第四十二条 劳动者有下列情形之一的,用人单位不得依照本法第四十条、第四十一条的规定解除劳动合同:

(一)从事接触职业病危害作业的劳动者未进行离岗前职业健康检查,或者疑似职业病病人在诊断或者医学观察期间的;

(二)在本单位患职业病或者因工负伤并被确认丧失或者部分丧失劳动能力的;

(三)患病或者非因工负伤,在规定的医疗期内的;

(四)女职工在孕期、产期、哺乳期的;

(五)在本单位连续工作满十五年,且距法定退休年龄不足五年的;

(六)法律、行政法规规定的其他情形。

第四十五条 劳动合同期满,有本法第四十二条规定情形之一的,劳动合同应当续延至相应的情形消失时终止。但是,本法第四十二条第二项规定丧失或者部分丧失劳动能力劳动者的劳动合同的终止,按照国家有关工伤保险的规定执行。

(三)用人单位违法解除劳动合同的,“三期”女职工可主张继续履行,并要求支付工资待遇至“三期”期满

用人单位解除劳动合同时,既要满足法定条件,又要满足法定程序。违反任何一项,都有可能构成违法解除劳动合同。根据《劳动合同法》的相关规定,如果用人单位被认定为违法解除劳动合同,那么将由劳动者选择劳动

关系是否恢复，如果劳动者要求继续履行劳动合同，用人单位应当继续履行。上述规则同样适用于“三期”女职工，在用人单位违法解除劳动合同的情形下，“三期”女职工可以主张继续履行原劳动合同，用人单位应当按照该员工前12个月平均工资为标准，向其发放违法解除期间的工资报酬。

【真实案例】

参见深圳市中级人民法院(2015)深中法劳终字第2252号民事判决书

1. 案情概述

夏某系深圳市本某服饰有限公司(以下简称本某公司)员工，2013年12月6日诊断出怀孕。12月7日，在检查出有先兆流产迹象后，夏某通过电话向本某公司法定代表人请假，但未提交书面请假申请。自2013年7月8日起，夏某未前往公司上班。2013年12月17日，夏某被确诊为先兆流产。

本某公司表示，夏某没有提出书面请假申请，即于2013年12月8日起未再上班，本某公司于2014年1月11日通过QQ以夏某自2013年12月8日未正常上班为由，要求夏某3日内到公司办理相关事宜，逾期未办的，按自动离职处理，并告知其来公司时“带齐相关证明材料及证件”。夏某收到该通知后，未按照通知要求前往公司办理相关手续。

夏某产假结束后，多次要求回公司上班，本某公司表示双方劳动合同已经解除，拒绝夏某返岗工作。

夏某随后向深圳市福田区劳动人事争议仲裁委员会申请劳动仲裁，请求撤销本某公司违法解除劳动合同的决定，继续履行原劳动合同至“三期”期满，并同时要求本某公司支付违法解除劳动合同期间的工资。

2. 裁判结果

深圳市中级人民法院经终审认定，本某公司在夏某怀孕期间解除劳动合同，违反了《劳动合同法》的规定，属于违法解除劳动合同。最终法院判决双方劳动合同继续履行至夏某“三期”期满，同时判决本某公司按照夏某离职前12个月的平均工资支付其违法解除期间的工资。

3. 裁判理由

深圳市中级人民法院作出上述判决的理由如下：

第一，夏某于2013年12月8日未到本某公司上班，本某公司于2014年1月11日才通过QQ向夏某发通告要求办理相关事宜。本某公司作为用人单位,在员工长达一个多月的时间未上班的情况下,既不向员工了解原因,又未对此行为及时作出处理,显然与事实及常理不符,故法院采信夏某主张的已经通过电话向本某公司请假。即使如本某公司所述,其对夏某不上班的原因不知情,也属于本某公司的内部管理问题,其应当承担相应的法律责任。

第二,关于本某公司主张其发出的通知并非解除劳动合同的通知,法院分析如下:本某公司主张其仅仅是通知夏某来公司办理相关事宜,并不是离职交接手续。从字面含义上,该通知确实表述为"相关事宜",但"相关事宜"的概念并不明确,并且该通知同时写明要求夏某来公司办理时带齐相关证明材料及证件,在本某公司没有明确办理的具体事宜的情况下,结合其通知的其他内容,法院采信夏某的主张,认为是办理离职交接手续。

第三,综上所述,依据《劳动合同法》第42条的规定,本某公司在夏某怀孕期间解除双方劳动关系,违反法律规定,夏某请求继续履行劳动合同至"三期"届满,符合法律规定。依据《广东省工资支付条例》第29条的规定,本某公司应按照其违法解除劳动关系前12个月的平均正常工作时间的工资支付夏某上述期间的工资。

【律师点评】

用人单位违法解除与"三期"内女职工的劳动合同,女职工要求继续履行劳动合同的,应撤销用人单位解除劳动合同的决定,双方继续履行劳动合同;造成该女职工工资收入损失的,用人单位还应支付违法解除劳动合同期间的工资。

女职工未要求继续履行劳动合同或劳动合同已经不能继续履行的,应认定双方劳动合同解除,并依据《劳动合同法》第48条和第87条的规定,由用人单位支付违法解除劳动合同的赔偿金。

【HR实务】

用人单位违法解除与"三期"女职工的劳动合同的,女职工可选择以下两种维权方式:

(1)女职工要求继续履行劳动合同的,应当撤销用人单位解除劳动合同的决定,双方继续履行原劳动合同,用人单位需按照违法解除劳动合同前12个月的平均工资为标准,支付违法解除劳动合同期间的工资。

（2）女职工未要求继续履行劳动合同的或劳动合同已经不能继续履行的，应认定双方劳动合同解除，并依据《劳动合同法》第 48 条和第 87 条的规定，由用人单位支付违法解除劳动合同的赔偿金。

【法律链接】

1.《劳动合同法》

第八十七条 用人单位违反本法规定解除或者终止劳动合同的，应当依照本法第四十七条规定的经济补偿标准的二倍向劳动者支付赔偿金。

2. 深圳市中级人民法院《关于审理劳动争议案件的裁判指引》

一百〇一、用人单位违法解除与“三期”内女职工的劳动合同，女职工要求继续履行劳动合同的，应撤销用人单位解除劳动合同的决定，双方继续履行劳动合同；造成该女职工工资收入损失的，用人单位还应支付违法解除劳动合同期间的工资。在案件处理过程中劳动合同期限届满的，应在撤销用人单位解除劳动合同决定的同时，认定双方劳动合同终止，判令用人单位支付女职工工资和福利待遇至劳动合同终止之日以及终止劳动合同的经济补偿。

女职工未要求继续履行劳动合同或劳动合同已经不能继续履行的，应认定双方劳动合同解除，并依据《劳动合同法》第四十八条和第八十七条的规定，由用人单位支付违法解除劳动合同赔偿金。

（四）未参加生育保险的女职工，产假工资按照产假前应发工资标准由用人单位支付

根据《女职工劳动保护特别规定》，女职工产假期间的生育津贴，已经参加生育保险的，按照用人单位上年度职工月平均工资的标准由生育保险基金支付；未参加生育保险的，按照女职工产假前工资的标准由用人单位支付。为女职工购买生育保险是用人单位的法定义务；实践中，未参加生育保险的女职工，其产假工资应按照其产假前的应发工资标准由用人单位承担。

【真实案例】

参见深圳市中级人民法院（2014）深中法劳终字第5469号民事判决书

1. 案情概述

深圳市中某房地产开发有限公司（以下简称中某公司）的薪酬制度规定：员工休产假的，按照平时工资的60%标准支付产假工资。向某女士是该公司的人力资源总监，其每月应发的平均工资为10,979.13元。

2013年11月13日至2014年4月9日，向某休产假。中某公司即按照公司薪酬制度的规定，每月按照向某产假前工资的60%为标准向其支付了产假工资。

向某休完产假后，以中某公司没有依法支付产假期间工资为由向劳动人事争议仲裁委员会申请劳动仲裁。

2. 裁判结果

该案经深圳市中级人民法院终审认定，中某公司的薪酬制度规定按60%标准支付产假工资，违反法律的强制性规定，应归于无效。中某公司应按照向某产假前的应发工资标准补足其产假工资。

3. 裁判理由

深圳市中级人民法院作出上述判决的主要理由如下：

（1）《女职工劳动保护特别规定》第8条第1款规定："女职工产假期间的生育津贴，对已经参加生育保险的，按照用人单位上年度职工月平均工资的标准由生育保险基金支付；对未参加生育保险的，按照女职工产假前工资的标准由用人单位支付。"无证据证明向某已参加生育保险，领取了生育津贴，故中某公司应按其产假前工资的标准支付工资。

（2）中某公司的薪酬制度规定按60%标准支付产假工资，该薪酬制度违反了法律的强制性规定，依法应对向某产假期间工资予以补足。因向某产假前每月领取工资数额不尽相同，故取向某产假前完整工作月份的应发工资的平均数作为计算依据，由此计算其平均工资为10,979.13元。

【律师点评】

如前所述，根据《女职工劳动保护特别规定》的相关规定，为本单位女职工参加生育保险是用人单位的法定义务。已参加了生育保险的女职工在产假期间，由生育保险基金支付生育津贴。生育保险基金支付了生育津贴的，用人单位无须再行支付工资。但生育津贴低于员工产假前工资的，差额部分需由用人单位补足。

用人单位没有依法为女职工参加生育保险的，该员工产假期间的待遇应当由用人单位按照该员工产假前应发工资支付。由于“三期”女职工在产假期间未提供劳动，实践中，用人单位违法支付产假工资的情形较为常见。而在用人单位违法支付产假待遇的情形下，一旦该员工提起劳动仲裁，用人单位不仅需要补足工资差额，还可能会面临因未足额支付劳动报酬而承担经济补偿金的法律风险。

【HR 实务】

“三期”女职工产假工资如何发放的问题一直都是人力资源管理中的难点。《女职工劳动保护特别规定》第 8 条第 1 款规定：“女职工产假期间的生育津贴，对已经参加生育保险的，按照用人单位上年度职工月平均工资的标准由生育保险基金支付；对未参加生育保险的，按照女职工产假前工资的标准由用人单位支付。”因此，产假工资的支付分为两种情况：员工参加了生育保险的和未参加生育保险的。

第一种，员工参加了生育保险的，产假期间根据生育保险的规定享受生育津贴。

生育津贴按照女职工所在用人单位的上年度全部职工的月平均工资计发。需要注意的是，如果生育津贴低于本人产前工资标准的，用人单位应当按照其产前工资标准予以补足。

第二种，员工未参加生育保险的，产假期间用人单位需按照产假前该员工的应发工资标准支付产假工资。

为员工购买生育保险是用人单位的法定义务，在员工未参加生育保险的情形下，用人单位需以该员工产假前的应发工资为标准，向其支付产假工资。需要注意的是，这种情形下，该员工产假前所享受的岗位（职位）工资、各类津贴、补贴等薪酬福利，用人单位不得在其产假期间因员工休产假而予以扣减。

【法律链接】

1.《女职工劳动保护特别规定》

第八条　女职工产假期间的生育津贴，对已经参加生育保险的，按照用人单位上年度职工月平均工资的标准由生育保险基金支付；对未参加生育保险的，按照女职工产假前工资的标准由用人单位支付。

女职工生育或者流产的医疗费用，按照生育保险规定的项目和标准，对已经参加生育保险的，由生育保险基金支付；对未参加生育保险的，由用人单位支付。

2. 深圳市中级人民法院《关于审理劳动争议案件的裁判指引》

一百〇三、未参加生育保险的女职工产假期间的生育津贴，应由用人单位按该女职工产假前 12 个月包括加班工资在内的平均工资计发。

（五）“三期”女职工不能主张劳动合同解除后的工资和福利待遇

根据《劳动合同法》《女职工劳动保护特别规定》等劳动法律法规的规定，女职工在孕期、产期、哺乳期内享受特殊的劳动解雇保护。因此，“三期”女职工在劳动合同解除、终止的法律适用方面也与普通员工不同。对于在劳动合同解除后，“三期”女职工的工资和福利待遇是否计至“三期”期满的问题，司法实践中存在一定争议。

根据现行的裁判规则，无论是用人单位违法解除与“三期”女职工的劳动合同，还是“三期”女职工提出被迫解除劳动合同的情形，双方劳动合同一旦解除，用人单位均无须再支付双方解除劳动合同后女职工相关的“三期”待遇。

【真实案例】

参见深圳市中级人民法院（2013）深中法劳终字第 4803 号民事判决书

1. 案情概述

2011 年 10 月 18 日，黄某入职深圳禾某美景规划与景观工程设计有限公司（以下简称禾某公司），从事设计工作，任职植物组代组长，双方签订了为期 2 年的劳动合同。约定黄某每月正常工作时间的工资为 7000 元。2012 年 12 月 8 日，禾某公司以黄某违反公司规章制度、缺席三亚南田图纸评审会为由，解除双方劳动合同，黄某离职前12个月的平均工资为7000元。黄某在2013年4月19日生产“二胎”（政策内）。

2013年1月8日，黄某向深圳市福田区劳动人事争议仲裁委员会申请仲裁，要求禾某公司支付违法解除劳动合同赔偿金3.3万元，并要求禾某公司支付“三期”期间的工资待遇9万元。

2. 裁判结果

该案经福田区人民法院一审，深圳市中级人民法院二审，最终认定：黄某提出的证据不能证明禾某公司构成违法解除，禾某公司也不能证明黄某系自动离职。因此，根据相关法律规定，本案视为双方协商一致解除劳动合同。禾某公司应当依法支付黄某经济补偿金，黄某主张合同解除后的工作待遇没有法律依据，不予支持。

3. 裁判理由

深圳市中级人民法院作出上述判决的主要理由如下：

第一，关于赔偿金问题。黄某所提交的《辞退通知书》为复印件，禾某公司对该《辞退通知书》的真实性亦不予确认。因此，法院依法对该《辞退通知书》不予采信。禾某公司主张黄某系因本人原因辞职，但未能就此提供证据予以证明，法院对禾某公司的主张亦不予支持。本案属于双方当事人均不能证明劳动者离职原因的情形，应当视为由禾某公司提出，经双方协商一致解除劳动合同。禾某公司应当向黄某支付协商一致解除劳动合同的经济补偿。

第二，关于孕期、产期和哺乳期工资问题。黄某要求禾某公司在双方解除劳动合同关系后，继续向其支付孕期、产期和哺乳期工资，缺乏法律依据，法院对其该项请求予以驳回。

【律师点评】

法律对用人单位解除与“三期”女职工劳动合同的规定十分严格，除了依据《劳动合同法》第39条的规定，以其他理由解除与“三期”女职工劳动合同的，均构成违法解除。用人单位解除劳动合同的行为一旦被认定为违法解除，就需承担相应的法律责任。

首先，被辞退的员工可以选择主张继续履行原劳动合同。该员工不同意用人单位解除劳动合同的决定，可以主张继续履行原劳动合同。这种情形下，根据《广东省工资支付条例》等相关规定，用人单位解除劳动合同的决定被撤销或判决无效的，应当支付员工被违法解除期间的工资，标准为员工本人前 12 个月正常工作时间的平均工资。

其次，被辞退的员工可以选择主张违法解除劳动合同赔偿金。如果被辞退的员工不要求继续履行劳动合同的，可以根据《劳动合同法》的相关规定，要求用人单位按照经济补偿金的 2 倍支付赔偿金。

最后，被辞退员工不能主张劳动合同解除后的工资待遇。被辞退员工不要求继续履行合同的，其能否主张自解除之日起至“三期”期满的工资？根据目前的裁判规则，在双方劳动合同解除后，用人单位只需承担相应的经济补偿金或赔偿金，无须再行支付劳动合同解除后女职工相关的“三期”待遇。

根据劳动合同实际履行的原则，工资支付的前提是双方劳动关系存续。如果员工不主张继续履行劳动合同，则视为其自愿放弃自己的劳动权利，双方劳动合同解除。“三期”女职工再行主张合同解除后的工资待遇没有法律依据。另外，如果“三期”女职工的主张得到支持，若其选择不继续履行劳动合同，将既能获得赔偿金，又有“三期”工资，这种鼓励不劳而获的结果也与立法本意相悖。

【HR 实务】

第一，对单方解除“三期”女职工的劳动合同应持谨慎态度。只有在“三期”女职工严重违反公司规章制度等符合《劳动合同法》第 39 条规定的情形时，用人单位才可合法解除“三期”女职工的劳动合同。

第二，在劳动合同解除，计算“三期”女职工的待遇时，需注意时间节点。根据劳动合同实际履行的原则，工资支付的前提是双方劳动关系存续。无论基于何种原因，一旦劳动合同解除，则员工主张解除后的薪酬待遇都不能得到支持。

第三，在用工管理过程中，对“三期”女职工应适用特殊保护原则。无论从法律角度还是人道角度，用人单位都应当对“三期”女职工给予特殊关照。适当的人文关怀是构建企业文化，牢固企业凝聚力的必要措施。

【法律链接】

1.《劳动合同法》

第四十二条 劳动者有下列情形之一的，用人单位不得依照本法第四十条、第四十一条的规定解除劳动合同：

（一）从事接触职业病危害作业的劳动者未进行离岗前职业健康检查，或者疑似职业病病人在诊断或者医学观察期间的；

（二）在本单位患职业病或者因工负伤并被确认丧失或者部分丧失劳动能力的；

（三）患病或者非因工负伤，在规定的医疗期内的；

（四）女职工在孕期、产期、哺乳期的；

（五）在本单位连续工作满十五年，且距法定退休年龄不足五年的；

（六）法律、行政法规规定的其他情形。

2. 深圳市中级人民法院《关于审理劳动争议案件的裁判指引》

一百〇二、女职工在“三期”内依据《劳动合同法》第三十八条或最高人民法院《关于审理劳动争议案件适用法律若干问题的规定》第十五条的规定，提出被迫解除劳动合同，除要求经济补偿外，还要求用人单位支付工资及福利待遇至“三期”期满的，对劳动合同解除后的工资和福利待遇，不予支持。

十四、外国人就业

（一）外国人就业证上的登记与实际用人单位不符的，劳动关系不成立

依据我国相关法律法规规定，在中国就业的外国人持职业签证入境后获得《外国人就业证》和外国人居留证件，方可在中国境内就业。同时，《外国人在中国就业管理规定》第23条第1款规定："外国人在中国就业的用人单位必须与其就业证所注明的单位相一致。"因此，在司法实践中，如果外国人的实际用人单位与其就业证上登记不符，则劳动关系不成立，其不能依照《劳动合同法》等相关规定主张权利。

【真实案例】

参见北京市第一中级人民法院（2015）一中民终字第07195号民事判决书

1. 案情概述

2013年7月15日，土耳其人艾某入职北京中某建建筑设计有限公司（以下简称中某公司），从事建筑设计工作，双方签署为期一年的劳动合同，约定试用期一个月，税后工资为17,600元，转正后月工资为22,000元，由中某公司为艾某缴纳个人所得税。

但劳动合同履行过程中，中某公司没有为艾某缴纳社会保险费。2014年7月14日合同到期后，中某公司也未与艾某签订劳动合同，亦未支付约定的奖金。

2014年8月9日，艾某向中某公司发送了解除劳动关系通知。解除理由为中某公司未依法为艾某缴纳社会保险费、未按合同约定支付劳动报酬。此后艾某提起仲裁申请，要求中某公司承担相应的法律责任，但被劳动人事

争议仲裁委员会认定双方间并非劳动关系，其仲裁请求被驳回。于是，艾某又诉至法院。

2. 裁判结果

北京市海淀区人民法院、北京市第一中级人民法院经过审理，最终认定艾某与中某公司之间不存在劳动关系，驳回了艾某的起诉。

3. 裁判理由

北京市第一中级人民法院判决的主要理由如下：

第一，订立劳动合同，应当遵循合法原则。依据我国相关法律、法规规定，在中国就业的外国人持职业签证入境后获得《外国人就业证》和外国人居留证件，方可在中国境内就业。

第二，外国人在中国就业的用人单位必须与其就业证所注明的单位一致，变更用人单位但仍从事原职业的，须经原发证机关批准，并办理就业证变更手续。

本案中，艾某为土耳其人，来华从事建筑设计职业，原在某公司工作，后至中某公司工作，其工作单位变更应当经相关单位批准，并办理《外国人就业证》的变更手续。

艾某提交的《外国人就业证》上注明的工作单位，与其实际工作的中某公司不符，并未办理就业证的变更手续，艾某关于双方之间存在合法劳动关系的上诉理由，法院不予支持。

【律师点评】

外国人在中国就业的，应当严格遵守《外国人在中国就业管理规定》等相关法律、法规规定。已办理了就业证的外国人离开就业证所登记的用人单位，入职新用人单位的，须经原发证机关批准，并及时办理就业证变更手续。

没有及时办理就业证变更手续的，则该外国人与新用人单位之间的劳动关系不成立，该外国人也就无法依据《劳动合同法》等劳动法律法规主张劳动者享有的权利。

另外，需要注意的是，在上述案例中，艾某上诉时曾主张未办理工作许可证变更手续的过错在中某公司，并以此主张中某公司承担相应的过错责任。但终审法院最终认定，外国人与哪一个用人单位之间是否存在劳动关系,应当以《外国人就业证》上的记载为准。至于未办理工作证变更的过错在劳动者还是用人单位,则不予考虑。

【HR 实务】

根据《外国人在中国就业管理规定》的规定,外国人在我国就业,应当按照以下程序办理就业手续:申请就业许可、发出通知签证函、申请职业签证、办理《外国人就业证》、办理居留许可。

外国人持有就业证和居留许可方可在我国境内合法就业,并受《劳动合同法》等中国法律保护。在用工实务中,该外国人变更用人单位、变更工作区域或变更职业的,需要办理就业证的变更手续或重新办理就业许可手续。

【法律链接】

1.《外国人在中国就业管理规定》

第五条 用人单位聘用外国人须为该外国人申请就业许可,经获准并取得《中华人民共和国外国人就业许可证书》(以下简称许可证书)后方可聘用。

2. 最高人民法院《关于审理劳动争议案件适用法律问题的解释(一)》

第三十三条 外国人、无国籍人未依法取得就业证件即与中华人民共和国境内的用人单位签订劳动合同,当事人请求确认与用人单位存在劳动关系的,人民法院不予支持。

持有《外国专家证》并取得《外国人来华工作许可证》的外国人,与中华人民共和国境内的用人单位建立用工关系的,可以认定为劳动关系。

(二)外企代表处直接招用中国员工的,须支付劳动报酬和经济补偿

根据相关规定,外国企业常驻代表机构在中国境内不得直接聘用劳动者,而必须由外事服务单位派遣员工到外企代表处提供劳务。外企代表处

违法招用员工的，将参照劳动法律法规的相关规定向员工支付应付的劳动报酬，并承担相应的经济补偿金、赔偿金。

【真实案例】

参见天津市第一中级人民法院(2017)津01民终7131号民事判决书

1. 案情概述

王某于1995年2月至2007年12月31日在大韩某公司天津办事处工作。在此期间，双方未签订书面劳动合同，大韩某公司天津办事处亦未为王某缴纳社会保险费。2015年12月，王某达到法定退休年龄办理了退休手续，开始享受退休待遇。

大韩某公司系在韩国注册成立的韩国企业，大韩某公司天津办事处是在天津成立的外国企业在天津常驻代表机构。大韩某公司天津办事处不具备法人资格，只有工商登记证，没有工商营业执照。

王某随后申请劳动仲裁，认为大韩某公司天津办事处在王某工作期间不遵守我国法律、法规，未为王某缴纳社会保险费，要求大韩某公司天津办事处公司书面道歉，并支付王某2016年8月1日至8月31日的社会保险待遇损失1283.3元。仲裁未支持王某诉求。王某后于2017年起诉至天津市和平区人民法院，一审法院亦未支持王某。王某上诉至天津市第一中级人民法院，二审法院判决维持原审。

2. 裁判结果

该案经天津市第一中级人民法院终审，认定大韩某公司天津办事处与王某之间形成的用工关系不属于劳动关系，王某依据有关劳动关系的法律，请求大韩某公司和大韩某公司天津办事处支付未缴纳社会保险费造成损失的上诉请求，法院不予支持。

3. 裁判理由

天津市第一中级人民法院的判决要点如下：

首先，《劳动法》第2条规定，"在中华人民共和国境内的企业、个体经济组织(以下统称用人单位)和与之形成劳动关系的劳动者，适用本法。国家机关、事业组织、社会团体和与之建立劳动合同关系的劳动者，依照本法执行。"本案中，大韩某公司天津办事处不属于个体经济组织，也不属于国家机关、事业组织、社会团体，是否属于《劳动法》规定的"企业"是本案的关键。

其次,根据原劳动部《关于〈劳动法〉若干条文的说明》的解释,《劳动法》第 2 条规定的“企业”“是指从事产品生产、流通或服务性活动等实行独立经济核算的经济单位,包括各种所有制类型的企业,如工厂、农场、公司等”。并未明确外国企业常驻代表机构属于《劳动法》规定的“企业”的范围;且外国企业的常驻代表机构无法人资格,无营业执照,不能认定属于“实行独立经济核算的经济单位”。

最后,国务院 1980 年 10 月 30 日发布的《关于管理外国企业常驻代表机构的暂行规定》第 11 条规定,“常驻代表机构租用房屋、聘请工作人员,应当委托当地外事服务单位或者中国政府指定的其它单位办理”。该规定明确外国企业的常驻代表机构没有直接聘请工作人员的权利。

综上所述,外国企业的常驻代表机构不属于《劳动法》第 2 条规定的“用人单位”。大韩某公司天津办事处作为外国企业的常驻代表机构,与王某亦未签订书面劳动合同,其与王某之间的关系不属于劳动关系。

【律师点评】

根据相关法律规定,外企代表处是境外企业驻我国境内的办事机构,不具备独立的用工主体资格,不能直接在境内聘用中国员工,员工基于劳动关系提出的诉求不能得到法院支持。

【HR 实务】

外企代表处是境外企业驻我国境内的办事机构,根据我国法律规定,外企办事处不具备独立的用工主体资格,不能直接聘用劳动者,只能依法应由外事服务单位派遣雇员到外企代表机构提供劳务。HR 在处理这一涉外劳务派遣时,需注意以下两点:

(1)《劳动合同法》等相关法律对劳务派遣的规定,同样适用于涉外劳务派遣。

(2)外企代表处直接聘用劳动者的,会面临被判处参照用人单位承担相应的经济补偿金等法律风险。因此,外企 HR 应当充分了解并遵守涉外用工的相关规定,通过合法形式招聘、用工。

【法律链接】

1.《劳动法》

第二条 在中华人民共和国境内的企业、个体经济组织(以下统称用人单位)和与之形成劳动关系的劳动者,适用本法。

国家机关、事业组织、社会团体和与之建立劳动合同关系的劳动者,依照本法执行。

2. 原劳动部《关于〈劳动法〉若干条文的说明》

第二条 在中华人民共和国境内的企业、个体经济组织(以下统称用人单位)和与之形成劳动关系的劳动者,适用本法。

国家机关、事业组织、社会团体和与之建立劳动合同关系的劳动者,依照本法执行。

本条第一款中的"企业"是指从事产品生产、流通或服务性活动等实行独立经济核算的经济单位,包括各种所有制类型的企业,如工厂、农场、公司等。

本条第二款所指劳动法的劳动者的适用范围,包括三个方面:

①国家机关、事业组织、社会团体的工勤人员;

②实行企业化管理的事业组织的非工勤人员;

③其他通过劳动合同(包括聘用合同)与国家机关、事业单位、社会团体建立劳动关系的劳动者。

本法的适用范围排除了公务员和比照实行公务员制度的事业组织和社会的工作人员,以及农业劳动者、现役军人和家庭保姆等。

3. 国务院《关于管理外国企业常驻代表机构的暂行规定》

第十一条 常驻代表机构租用房屋、聘请工作人员,应当委托当地外事服务单位或者中国政府指定的其它单位办理。

附录：HR常用数据、计算公式、办事流程

（一）工作时间与工资折算公式

1. 制度工作时间的计算

年工作日：365天－104天（休息日）－11天（法定节假日）＝250天；

季工作日：250天÷4季＝62.5天/季；

月工作日：250天÷12月＝20.83天/月；

工作小时数：以月、季、年的工作日乘以每日的8小时。

2. 日工资、小时工资的折算

日工资：月工资收入÷月计薪天数；

小时工资：月工资收入÷（月计薪天数×8小时）；

月计薪天数＝（365天－104天）÷12月＝21.75天/月。

折算日工资、小时工资时不剔除国家规定的11天法定节假日。

【法律链接】

原劳动和社会保障部《关于职工全年月平均工作时间和工资折算问题的通知》

（二）“三期”女职工产假一览表

适用范围	假期	天数	说明	法律依据
国家层面	法定产假	98	产前 15 天，产后 83 天	《女职工劳动保护特别规定》第 7 条
	难产假	15	难产的，增加产假 15 天	《女职工劳动保护特别规定》第 7 条
	多胞胎生育假	15	每多生育 1 个婴儿，增加 15 天	《女职工劳动保护特别规定》第 7 条
	流产假	15/42	怀孕未满 4 个月流产的，享受 15 天产假；满 4 个月流产的，享受 42 天产假	《女职工劳动保护特别规定》第 7 条
广东省层面	奖励假	80	符合法律规定生育的，女方奖励 80 天产假	《广东省人口与计划生育条例》第 30 条
	陪产假	15	符合法律规定生育的，男方奖励 15 天陪产假	《广东省人口与计划生育条例》第 30 条
	难产假	30	难产假比国家层面规定的多出 15 天	《广东省实施〈女职工劳动保护特别规定〉办法》第 11 条

(三)深圳市历年最低工资标准(1992~2020年)

<table>
<tr><th rowspan="2">年度</th><th colspan="2">最低月工资/元</th><th colspan="2">最低小时工资/元</th><th>执行时段</th></tr>
<tr><th>特区内</th><th>特区外</th><th>特区内</th><th>特区外</th><th>—</th></tr>
<tr><td>1992</td><td>245</td><td>245</td><td>1.20</td><td>1.20</td><td>—</td></tr>
<tr><td>1993</td><td>286</td><td>286</td><td>1.40</td><td>1.40</td><td>—</td></tr>
<tr><td>1994</td><td>338</td><td>300</td><td>1.80</td><td>1.60</td><td>—</td></tr>
<tr><td>1995</td><td rowspan="2">380</td><td rowspan="2">300</td><td>新工时2.24</td><td>新工时1.80</td><td>—</td></tr>
<tr><td>1995</td><td>老工时2.02</td><td>老工时1.60</td><td>—</td></tr>
<tr><td>1996</td><td rowspan="2">398</td><td rowspan="2">310</td><td>新工时2.31</td><td>新工时1.80</td><td>—</td></tr>
<tr><td>1996</td><td>老工时2.12</td><td>老工时1.65</td><td>—</td></tr>
<tr><td>1997</td><td>420</td><td>320</td><td>2.44</td><td>1.86</td><td>—</td></tr>
<tr><td>1998</td><td>430</td><td>330</td><td>2.50</td><td>1.92</td><td>—</td></tr>
<tr><td>1999(5月1日~10月11日)</td><td>430</td><td>330</td><td>2.54</td><td>1.95</td><td>1999年5月1日~10月11日</td></tr>
<tr><td>1999(10月12日后)</td><td>547</td><td>419</td><td>3.27</td><td>2.50</td><td>1999年10月12日~2000年5月18日</td></tr>
<tr><td>2000</td><td>547</td><td>419</td><td>3.27</td><td>2.50</td><td>2000年5月19日~2001年4月30日</td></tr>
<tr><td>2001</td><td>574</td><td>440</td><td>3.43</td><td>2.63</td><td>2001年5月1日~2002年4月30日</td></tr>
<tr><td>2002</td><td>595</td><td>460</td><td>3.56</td><td>2.75</td><td>2002年5月1日~2003年4月30日</td></tr>
<tr><td>2003</td><td>600</td><td>460</td><td>3.59</td><td>2.78</td><td>2003年5月1日~2004年4月30日</td></tr>
<tr><td>2004</td><td>610</td><td>480</td><td>3.65</td><td>2.87</td><td>2004年5月1日~2005年6月30日</td></tr>
</table>

续表

年度	最低月工资/元		最低小时工资/元		执行时段
	特区内	特区外	特区内	特区外	—
2005	690	580	3.97	3.33	2005 年 7 月 1 日~2006 年 6 月 30 日
2006	810	700	4.66	4.02	2006 年 7 月 1 日~2007 年 9 月 30 日
2007	850	750	4.89	4.31	2007 年 10 月 1 日~2008 年 6 月 30 日
2008	1000	900	5.75	5.17	2008 年 7 月 1 日~2009 年 6 月 30 日
2009	1000	900	5.75	5.17	2009 年 7 月 1 日~2010 年 6 月 30 日
2010	1100		6.32		2010 年 7 月 1 日~2011 年 3 月 31 日
2011	1320		非全日制用工 11.70		2011 年 4 月 1 日~2012 年 1 月 31 日
2012	1500		非全日制用工 13.30		2012 年 2 月 1 日~2013 年 2 月 28 日
2013	1600		非全日制用工 14.50		2013 年 3 月 1 日~2014 年 1 月 31 日
2014	1808		非全日制用工 16.50		2014 年 2 月 1 日~2015 年 2 月 28 日
2015	2030		非全日制用工 18.50		2015 年 3 月 1 日~2016 年 3 月 1 日
2016	2030		非全日制用工 18.50		2016 年 3 月 1 日~2017 年 6 月 1 日
2017	2130		非全日制用工 19.50		2017 年 6 月 1 日~2018 年 6 月 29 日
2018	2200		非全日制用工 20.30		2018 年 6 月 29 日至今
2019	2200		非全日制用工 20.30		
2020	2200		非全日制用工 20.30		

【法律链接】

《深圳市员工工资支付条例》

(四)全国部分地区最低工资标准

单位:元

地区	月最低工资标准				小时最低工资标准			
	第一档	第二档	第三档	第四档	第一档	第二档	第三档	第四档
北京	2320	—	—	—	25.3	—	—	—
天津	2180	—	—	—	22.6	—	—	—
河北	1900	1790	1680	1580	19.0	18.0	17.0	16.0
山西	1700	1600	1500	1400	18.5	17.4	16.3	15.2
内蒙古	1760	1660	1560	1460	18.6	17.6	16.5	15.5
辽宁	1810	1610	1480	1300	18.3	16.3	15.0	13.2
吉林	1780	1680	1580	1480	17.0	16.0	15.0	14.0
黑龙江	1860	1610	1450	—	18.0	14.0	13.0	—
上海	2590	—	—	—	23.0	—	—	—
江苏	2020	1830	1620	—	18.5	16.5	14.5	—
浙江	2010	1800	1660	1500	18.4	16.5	15.0	13.6
安徽	1550	1380	1280	1180	18.0	16.0	15.0	14.0
福建	1800	1720	1570	1420	18.5	18.0	16.5	15.0
江西	1850	1730	1610	—	18.5	17.3	16.1	—
山东	1910	1730	1550	—	19.1	17.3	15.5	—
河南	1900	1700	1500	—	19.0	17.0	15.0	—
湖北	1750	1500	1380	1250	18.0	16.0	14.5	13.0
湖南	1700	1540	1380	1220	17.0	15.0	13.5	12.5
广东	2100	1720	1550	1410	20.3	16.4	15.3	14.0
深圳	2200	—	—	—	20.3	—	—	—
广西	1810	1580	1430	—	17.5	15.3	14.0	—

续表

地区	月最低工资标准				小时最低工资标准			
	第一档	第二档	第三档	第四档	第一档	第二档	第三档	第四档
海南	1670	1570	1520	—	15.3	14.4	14.0	—
重庆	1800	1700	—	—	18.0	17.0	—	—
四川	1780	1650	1550	—	18.7	17.4	16.3	—
贵州	1790	1670	1570	—	18.6	17.5	16.5	—
云南	1670	1500	1350	—	15.0	14.0	13.0	—
西藏	1850	—	—	—	18.0	—	—	—
陕西	1950	1850	1750	—	19.0	18.0	17.0	—
甘肃	1620	1570	1520	1470	17.0	16.5	15.9	15.4
青海	1700	—	—	—	15.2	—	—	—
宁夏	1950	1840	1750	—	18.0	17.0	16.0	—
新疆	1900	1700	1620	1540	19.0	17.0	16.2	15.4

注:本表数据时间截至 2021 年 7 月 22 日。

(五)加班工资计算标准

1. 加班工资的计算标准

用人单位有下列情形之一的,应当按照下列标准支付员工加班工资:

一是安排员工在正常工作时间以外工作的,按照不低于员工本人正常工作时间工资的 150% 支付;

二是安排员工在休息日工作,又不能安排补休的,按照不低于员工本人正常工作时间工资的 200% 支付;

三是安排员工在法定休假节日工作的,按照不低于员工本人正常工作时间工资的 300% 支付。

2. 综合计算工时制的加班工资计算标准

实行综合计算工时工作制的员工,在综合计算工时周期内,员工实际工作时间达到正常工作时间后,用人单位安排员工工作的,视为延长工作时间,按照不低于员工本人正常工作时间工资的 150% 支付员工加班工资。

用人单位安排实行综合计算工时工作制的员工在法定休假节日工作的,按照不低于员工本人正常工作时间工资的300%支付员工加班工资。

3. 不定时工作制的加班工资计算标准

用人单位安排实行不定时工作制的员工在法定休假节日工作的,按照不低于员工本人正常工作时间工资的300%支付员工加班工资。

【法律链接】

《深圳市员工工资支付条例》

(六)深圳市历年在岗职工平均工资(1999~2020年)

单位:元

年度	年平均工资	月平均工资	执行时段
1999	20,714	1726	—
2000	23,039	1919	—
2001	25,941	2161	—
2002	28,218	2351	—
2003	30,611	2550	—
2004	31,928	2660	—
2005	32,476	2706	—
2006	35,107	2925	—
2007	38,798	3233	—
2008	43,454	3621	—
2009	46,728	3894	—
2010	50,456	4204	—
2011	55,143	4595	2012年7月1日~2013年6月30日
2012	59,016	4918	2013年7月1日~2014年6月30日
2013	62,619	5218	2014年7月1日~2015年6月30日

续表

年度	年平均工资	月平均工资	执行时段
2014	72,651	6054	2015年7月1日~2016年6月30日
2015	81,036	6753	2016年7月1日~2017年6月30日
2016	89,757	7480	2017年7月1日~2018年6月30日
2017	100,173	8348	2018年8月1日~2019年5月29日
2018	111,709	9309	2019年5月30日~2020年6月27日
2019	127,757	10,646	2020年6月28日~2021年6月27日
2020	139,436	11,620	2021年6月28日至今

（七）全国部分地区在岗职工平均工资（2020年）

单位：元

城市	在岗职工年平均工资	在岗职工月平均工资
北京	151,360	12,613
上海	124,056	10,338
广州	135,138	11,262
深圳	139,436	11,620
天津	114,682	9557
重庆	98,380	8198
大连	98,812	8234
连云港	100,903	8409
珠海	107,284	8940
东莞	79,601	6633
佛山	94,536	7878
苏州	113,744	9479
南通	91,609	7634
常州	113,273	9439

续表

城市	在岗职工年平均工资	在岗职工月平均工资
福州	96,478	8040
厦门	108,554	9046
太原	88,650	7388
青岛	81,671	6806
西安	104,363	8697
长沙	98,459	8205
长春	90,372	7531
贵阳	90,139	7512
昆明	102,304	8525

注:本表数据时间截至 2021 年 7 月 22 日。

(八)带薪年休假天数与工资计算公式

1. 享受年休假的条件

机关、团体、企业、事业单位、民办非企业单位、有雇工的个体工商户等单位的职工连续工作 1 年以上的,享受带薪年休假(以下简称年休假)。

2. 年休假的天数

职工累计工作已满 1 年不满 10 年的,年休假 5 天;已满 10 年不满 20 年的,年休假 10 天;已满 20 年的,年休假 15 天。国家法定休假日、休息日不计入年休假的假期。

累计工作时间	年休假天数
1 年≤工作时间<10 年	5
10 年≤工作时间<20 年	10
20 年≤工作时间	15

3. 累计工作时间的计算

年休假天数根据职工累计工作时间确定。职工在同一或者不同用人单位的工作期间,以及依照法律、行政法规或者国务院规定视同工作期间的,应当计为累计工作时间。

4. 新入职员工的年休假折算

职工新进用人单位且连续工作 1 年以上的,当年度年休假天数,按照在本单位剩余日历天数折算确定,折算后不足 1 整天的部分不享受年休假。折算方法为:(当年度在本单位剩余日历天数 ÷ 365 天) × 职工本人全年应当享受的年休假天数。

5. 应休未休年休假的工资折算

用人单位经职工同意不安排年休假或者安排职工年休假天数少于应休年休假天数的,应当在本年度内对职工应休未休年休假天数,按照其日工资收入的 300% 支付未休年休假工资报酬,其中包含用人单位支付职工正常工作期间的工资收入。用人单位安排职工休年休假,但是职工因本人原因且书面提出不休年休假的,用人单位可以只支付其正常工作期间的工资收入。

计算未休年休假工资报酬的日工资收入按照职工本人的月工资除以月计薪天数(21.75 天)进行折算。月工资是指职工在用人单位支付其未休年休假工资报酬前 12 个月剔除加班工资后的月平均工资。在本用人单位工作时间不满 12 个月的,按实际月份计算月平均工资。

6. 劳动合同解除或终止时的应休未休年休假天数折算公式

用人单位与职工解除或者终止劳动合同时,当年度未安排职工休满应休年休假的,应当按照职工当年已工作时间折算应休未休的年休假天数并支付未休年休假工资报酬,但折算后不足 1 整天的部分不支付未休年休假工资报酬。

折算方法为:(当年度在本单位已过日历天数 ÷ 365 天) × 职工本人全年应当享受的年休假天数 - 当年度已安排年休假天数。

用人单位当年已安排职工年休假的,多于折算应休年休假的天数不再扣回。

【法律链接】

1.《职工带薪年休假条例》

2.《企业职工带薪年休假实施办法》

(九)高温津贴发放标准

1. 高温津贴的发放条件

每年6月至10月,劳动者从事露天岗位工作以及用人单位不能采取有效措施将作业场所温度降低到33℃以下的(不含33℃),用人单位应当按月向劳动者发放高温津贴,并在工资清单中列明具体项目及数额。所需费用在企业成本费用中列支。

2. 高温津贴的发放标准

自2021年6月1日起,广东省高温津贴标准为每人每月300元;如按照规定需按天数折算高温津贴的,每人每天13.8元。发放高温津贴所需费用在企业成本费用中列支,税前扣除按现行企业所得税法的有关规定执行。

3. 高温津贴的折算

(1)从事高温作业的劳动者因下列情形之一未能正常出勤的,用人单位可按劳动者当月实际出勤且从事高温作业的天数折算高温津贴:

一是因事假、旷工未提供劳动的;

二是在医疗期、因工伤需要暂停工作接受工伤医疗期间、年休假、探亲假、婚假、丧假、产假、看护假、计划生育假等未提供劳动的;

三是劳动者其他个人原因未出勤从事高温作业的情形。

(2)用人单位当月临时安排劳动者在33℃以上的作业场所或者露天工作的,应当按其当月从事高温作业的天数以及政府有关部门规定的标准折算发放高温津贴。

4. 特殊工时制的高温津贴发放

用人单位安排非全日制劳动者从事高温作业的,应按从事高温作业的天数折算高温津贴。

用人单位应当按月向实行不定时工作制或者综合计算工时工作制的高温作业人员发放全额高温津贴。

【法律链接】

1.《广东省高温天气劳动保护办法》

2. 广东省人力资源和社会保障厅、广东省卫生厅、广东省安全生产监督管理局等《关于高温津贴发放的管理办法》

3. 广东省人力资源和社会保障厅、广东省卫生健康委、广东省应急管理厅等《关于调整我省高温津贴标准的通知》

(十)经济补偿金缴纳个人所得税计征标准

1. 计征条件

个人与用人单位解除劳动关系取得一次性补偿收入(包括用人单位发放的经济补偿金、生活补助费和其他补助费),超过当地上年职工平均工资3倍数额的部分,不并入当年综合所得,单独适用综合所得税率表,计算纳税。

2. 计征方式

级数	全年应纳税所得额	税率/%	速算扣除数/元
1	不超过 36,000 元的	3	0
2	超过 36,000 元至 144,000 元的部分	10	2520
3	超过 144,000 元至 300,000 元的部分	20	16,920
4	超过 300,000 元至 420,000 元的部分	25	31,920
5	超过 420,000 元至 660,000 元的部分	30	52,920
6	超过 660,000 元至 960,000 元的部分	35	85,920
7	超过 960,000 元的部分	45	181,920

3. 计算示例

小田2001年1月1日入职深圳某科技公司,2019年8月公司与其协商解除劳动合同,小田获得一次性经济补偿金500,000元。小田需缴纳的个人所得税计算如下:

需纳税工资:500,000元 − 139,436元 × 3 = 81,692元;

需纳税总额:81,692元 × 10% − 2520元 = 5649.2元。

因此,小田需缴纳的个人所得税总额为5649.2元。

4. 计征说明

(1)“当地上年职工平均工资 3 倍数额以内的部分”,指的是在岗职工年平均工资,不是月平均工资。深圳市 2020 年度在岗职工年平均工资139,436 元。也就是说,在深圳市 2020 年产生的经济补偿金的免征额为 418,308 元。

(2)81,692 元属于二级,税率为 10%,速算扣除数为 2520 元。

(3)在个人所得税计征实务中,解除劳动合同经济补偿金是不并入综合所得的,也就不存在减去 60,000 元以及专项扣除等项目后,再计算应扣税额。而是直接按照适用综合所得税率表,计算纳税。

【法律链接】

财政部、国家税务总局《关于个人所得税法修改后有关优惠政策衔接问题的通知》

(十一)全国企业职工患病或非因工负伤医疗期及工资规定(2020 年)

1. 医疗期标准

企业职工因患病或非因工负伤,需要停止工作医疗时,按照《企业职工患病或非因工负伤医疗期规定》,根据本人实际参加工作年限和在本单位工作年限,给予 3 个月到 24 个月的医疗期:

(1)实际工作年限 10 年以下的,在本单位工作年限 5 年以下的为个 3 月;5 年以上的为 6 个月。

(2)实际工作年限 10 年以上的,在本单位工作年限 5 年以下的为 6 个月;5 年以上 10 年以下的为 9 个月;10 年以上 15 年以下的为 12 个月;15 年以上 20 年以下的为 18 个月;20 年以上的为 24 个月。

个人累计参加工作年限	个人在本用人单位工作年限	法定医疗期
年限 <10 年	年限 <5 年	3 个月
	年限 >5 年	6 个月

续表

个人累计参加工作年限	个人在本用人单位工作年限	法定医疗期
年限＞10 年	年限＜5 年	6 个月
	5 年＜年限＜10 年	9 个月
	10 年＜年限＜15 年	12 个月
	15 年＜年限＜20 年	18 个月
	年限＞20 年	24 个月

2. 医疗期的计算规则如下:

(1)医疗期 3 个月的按 6 个月内累计病休时间计算;

(2)6 个月的按 12 个月内累计病休时间计算;

(3)9 个月的按 15 个月内累计病休时间计算;

(4)12 个月的按 18 个月内累计病休时间计算;

(5)18 个月的按 24 个月内累计病休时间计算;

(6)24 个月的按 30 个月内累计病休时间计算。

医疗期	累计病休计算期间
3 个月	6 个月内
6 个月	12 个月内
9 个月	15 个月内
12 个月	18 个月内
24 个月	30 个月内

3. 医疗期工资标准

员工患病或者非因工负伤停止工作进行医疗,在国家规定的医疗期内的,用人单位应当按照不低于本人正常工作时间工资的 60% 支付员工病伤假期工资,但不得低于最低工资的 80% 。

要求	医疗期工资待遇	备注
1	≥本人正常工作时间工资的 60%	“1”和“2”必须同时满足
2	≥本单位所在地最低工资的 80%	

（十二）深圳市社会保险、公积金缴费基数和比例统计表

序号	保险险种	适用范围	险种类别	缴费基数	基数范围/元	缴费比例	
						单位	个人
1	养老保险	深户	基础养老保险+地方补充养老保险	职工本人上月工资总额	2200～34,860	14.00%+1.00%	8.00%
		非深户	基础养老保险			14.00%	8.00%
2	医疗保险	深户及非深户	综合医疗保险（基本医疗保险一档）	职工本人上月工资总额	6972～34,860	6.20%	2.00%
		非深户	住院医疗保险（基本医疗保险二档）	深圳上年度在岗职工平均工资	11,620	0.60%	0.20%
		非深户	农民工医疗保险（基本医疗保险三档）	深圳上年度在岗职工平均工资	11,620	0.45%	0.10%
3	生育保险	深户及非深户	生育保险	本单位上月职工工资总额	2200～34,860	0.45%	0
4	工伤保险	深户及非深户	工伤保险	本单位上月职工工资总额	—	0.14%～1.14%	0
5	失业保险	深户及非深户	失业保险	深圳最低工资标准	2200	0.70%	0.30%
6	住房公积金	深户及非深户	住房公积金	职工本人上月工资总额	2200～34,860	5.00%～20.00%	5.00%～20.00%

续表

7	政策详解	1. 深圳市 2020 年度在岗职工月平工资为 11,620 元。 2. 深圳市 2020 年度最低工资标准为 2200 元/月。 3. 深圳市范围的所有管辖区社会保险政策统一,执行统一的标准。 4. 每年度 7 月调整社会保险基数,社会保险变更基数以月度计算,住房公积金变更基数以年度计算。 5. 社会保险年度指:当年 7 月至次年 6 月,如 2020 年的平均工资适用于 2020 年 7 月至 2021 年 6 月。 6. 缴费基数特殊情况说明:(1)新参加工作、重新就业和新成立用人单位的职工首月"养老保险"和"综合医疗保险"缴费基数为其首月工资总额;(2)新参加工作的职工从参加工作的第二个月开始缴存住房公积金,住房公积金缴存基数为职工本人当月工资。新调入的职工从调入单位发放工资之日起缴存住房公积金,住房公积金缴存基数为职工本人当月工资。

注:本表数据时间截至 2021 年 7 月 22 日。

(十三)因病或非因工死亡赔偿标准(2020 年)

1. 深圳市赔偿标准

因病或非因工死亡	丧葬补助金	直系亲属一次性救济金	备注
赔偿数额	3 个月工资	6 个月、9 个月或 12 个月工资	供养直系亲属为 1 人的,支付上述基数的 6 倍;供养直系亲属为 2 人的,支付上述基数的 9 倍;供养直系亲属为 3 人及以上的,支付上述基数的 12 倍

注:月工资按当地上年度在岗职工月平均工资计算,深圳市 2020 年度在岗职工月平均工资为 11,620 元。

2. 广东省赔偿标准

因病或非因工死亡	丧葬补助金	直系亲属一次性救济金	一次性抚恤金
赔偿数额	3 个月工资	6 个月工资	在职职工 6 个月,离退休人员 3 个月

注:月工资按当地上年度在岗职工月平均工资计。

(十四)非法用工伤亡一次性赔偿标准(2020 年)

1. 非法用工“伤残”一次性赔偿标准

伤残级别	一级	二级	三级	四级	五级	六级	七级	八级	九级	十级
赔偿标准	16 倍	14 倍	12 倍	10 倍	8 倍	6 倍	4 倍	3 倍	2 倍	1 倍

注:赔偿标准 = 赔偿基数 × 倍数。此处赔偿基数是指单位所在地工伤保险统筹地区上年度职工年平均工资,深圳市 2020 年度在岗职工年平均工资为 139,436 元。

2. 非法用工“死亡”一次性赔偿标准

赔偿项目	一次性赔偿金	伤残补助
赔偿标准	20 倍	10 倍

注:赔偿标准 = 赔偿基数 × 倍数。此处赔偿基数是指上一年度全国城镇居民人均可支配收入,2020 年度全国城镇居民可支配收入为 43,834 元。也就是说,在 2020 年度发生非法用工死亡的赔偿金额合计 876,680 元。

【法律链接】

《非法用工单位伤亡人员一次性赔偿办法》

(十五)深圳市因工伤残或死亡的赔偿标准(2020 年)

1. 工伤伤残赔偿标准

赔偿项目 伤残等级	一次性伤残津贴(1 ~ 4 级) 一次性伤残就业补助(5 ~ 10 级)	一次性 伤残补助	一次性工伤 医疗补助	一次性护理费 (计 10 年)
1 级伤残	90%	27 个月	15 个月	60% ×120 个月
2 级伤残	85%	25 个月	14 个月	50% ×120 个月
3 级伤残	80%	23 个月	13 个月	40% ×120 个月
4 级伤残	75%	21 个月	12 个月	30% ×120 个月

续表

赔偿项目 伤残等级	一次性伤残津贴(1～4 级) 一次性伤残就业补助(5～10 级)	一次性 伤残补助	一次性工伤 医疗补助	一次性护理费 (计 10 年)
5 级伤残	50 个月	18 个月	10 个月	—
6 级伤残	40 个月	16 个月	8 个月	—
7 级伤残	25 个月	13 个月	6 个月	—
8 级伤残	15 个月	11 个月	4 个月	—
9 级伤残	8 个月	9 个月	2 个月	—
10 级伤残	4 个月	7 个月	1 个月	—
备注	一次性伤残津贴由工伤保险基金支付，如终结工伤保险关系，一次性计发 10 年；5～6 级保留劳动关系的，难以安排工作的，享受伤残津贴，5 级为本人工资的 70%，6 级伤残为本人工资的 60%；一次性伤残就业补助金由用人单位支付；基数为本人工资	由工伤保险基金支付，基数为本人工资	1～4 级终结工伤保险关系的，由工伤保险基金支付；基数为本人工资	1～4 级终结工伤保险关系的，由工伤保险基金支付；基数为统筹地区上年度职工月平均工资

注：本人工资，是指工伤职工因工作遭受事故伤害或者患职业病前 12 个月平均月缴费工资(如本人平均应发工资高于缴费工资且低于统筹地区平均工资 300% 的，则以实际平均应发工资为准)。本人工资高于统筹地区职工平均工资 300% 的，按照统筹地区职工平均工资的 300% 计算；本人工资低于统筹地区职工平均工资 60% 的，按照统筹地区职工平均工资的 60% 计算。深圳市 2020 年度在岗职工月平均工资为 11,620 元。

2. 工伤死亡赔偿标准

工伤死亡	丧葬补助金	亲属抚恤金	一次性工亡补助金
赔偿数额	6 个月职工平均工资	配偶 40%，其他 30%，孤老幼加 10%，按月发，以工亡者月工资为基数和上限	全国城镇居民人均可支配收入的 20 倍

注：1. 丧葬补助金的计算基数为统筹地区上年度职工月平均工资，深圳市 2020 年度职工月平均工资 11,620 元。

2. 亲属抚恤金的计算基数为职工本人工资，本人工资，是指工伤职工因工作遭受事故伤害或者患职业病前 12 个月平均月缴费工资(如本人平均应发工资高于缴费工资且低于统筹地区平均工资 300% 的，则以实际平均应发工资为准)。

3. 一次性工亡补助金的计算基数为上一年度全国城镇居民人均可支配收入的 20 倍。2020 年度全国城镇居民可支配收入为 43,834 元。在 2020 年度发生因工死亡的赔偿金额合计为 876,680 元。

【法律链接】

《广东省工伤保险条例》

(十六)工伤认定流程图

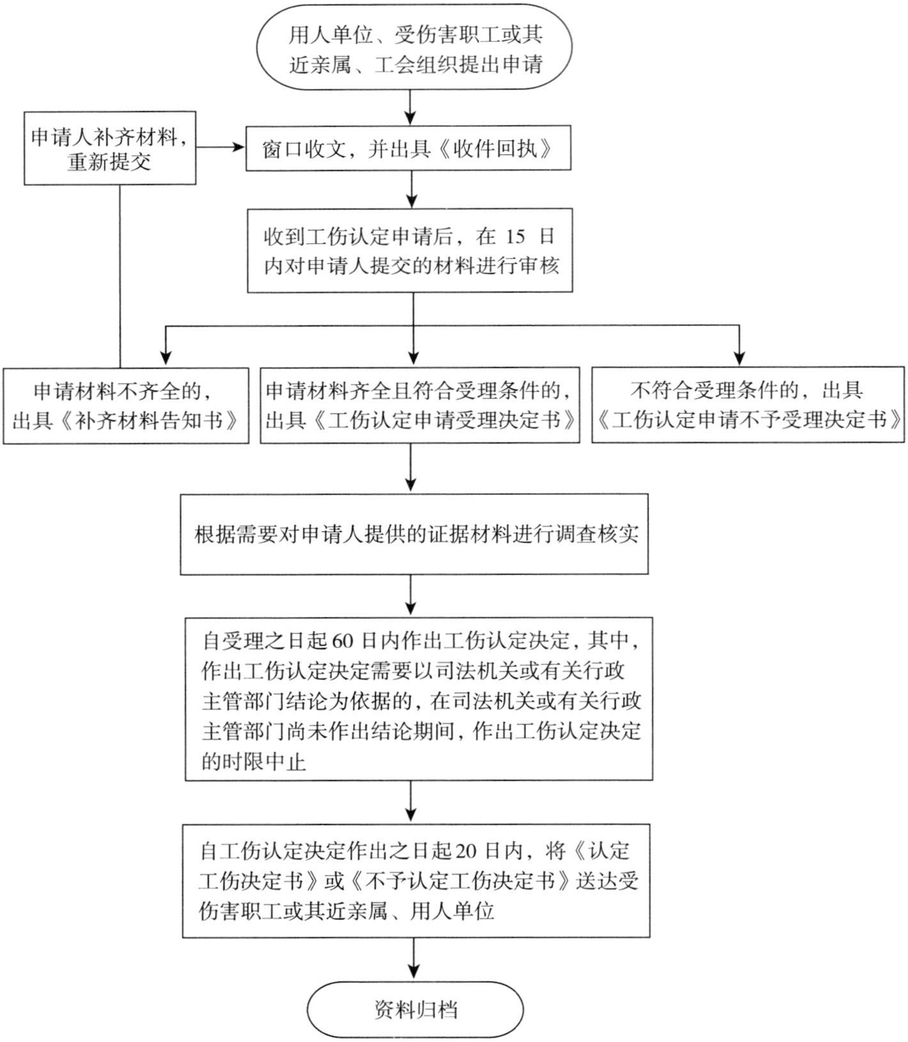

（十七）因工伤残、非法用工初次劳动能力等级鉴定流程图

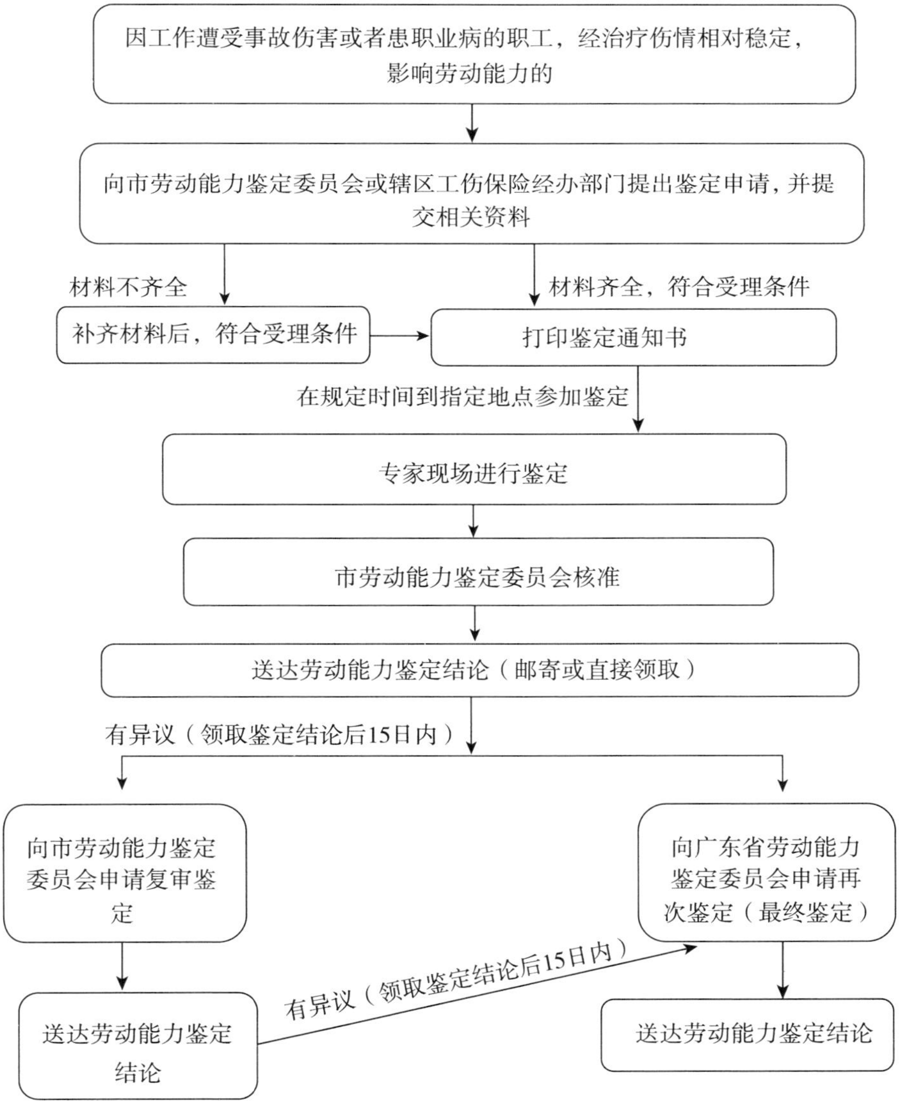

（十八）劳动人事争议仲裁流程图

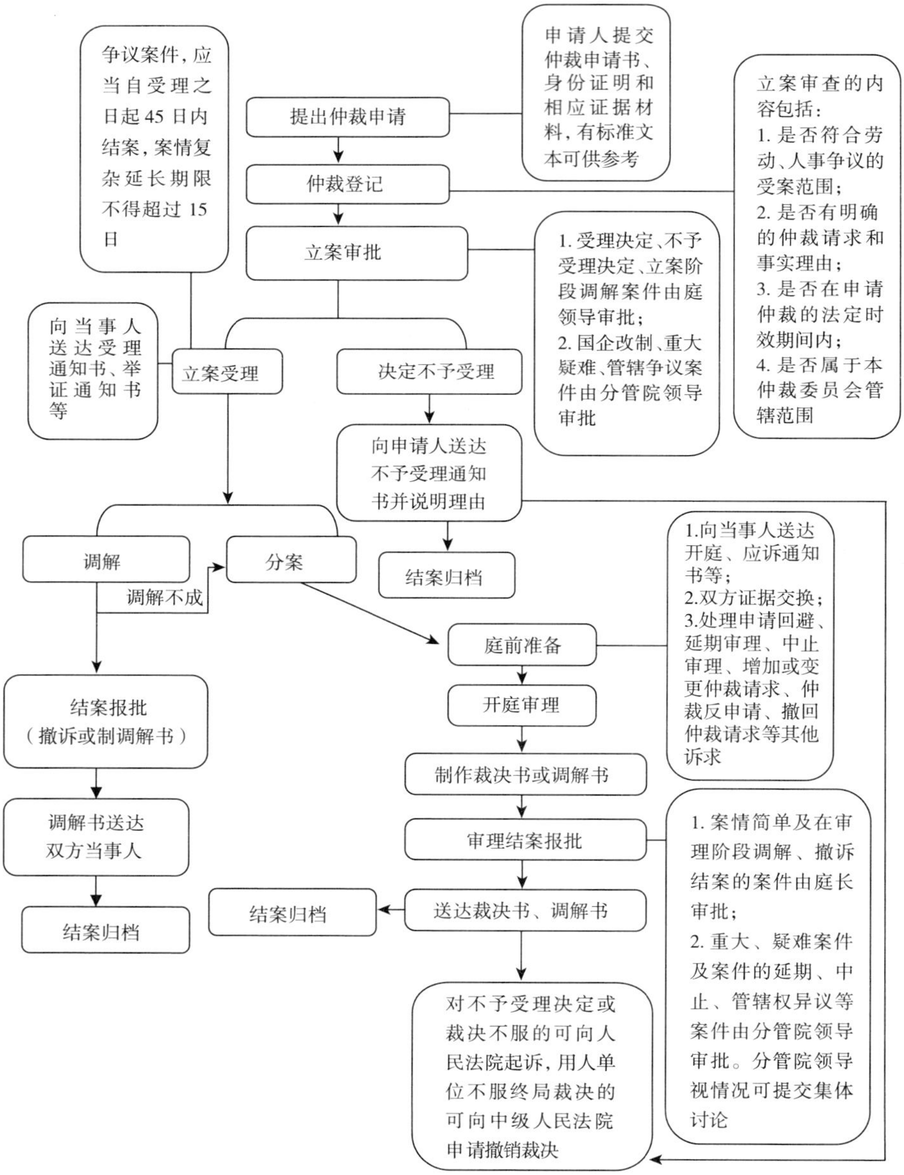